Ayurveda kochen

Eine Einführung in das Kochen mit Ayurveda. Ernährungslehre und medizinische Anwendung.

Inklusive vieler Rezepte zum nachmachen.

Nora Kalke

Inhaltsverzeichnis

Vorwort

Ayurveda ist derzeit in aller Munde. Für die meisten Menschen ist dieser Begriff gleichzusetzen mit Wellness. Dies stimmt nur teilweise, denn im westlichen Kulturkreis, zu dem auch Deutschland gehört, gehören Ayurveda und Wellness zusammen. Doch Ayurveda ist weit mehr, insbesondere im asiatischen Kulturkreis.

Was in unserem Kulturkreis lediglich mit Wellness zu tun hat, beschreibt in Asien das Wissen vom Leben. Besonders in Sri Lanka, Nepal und Indien ist Ayurveda eine Heilkunst, die seit vielen Jahrhunderten Tradition hat.

Wir haben uns über Ayurveda schlau gemacht und geben die Informationen, die wir zusammengetragen haben, gerne an Sie weiter.

Ayurveda ist nicht nur Wellness, sondern beinhaltet neben Massagen, Reinigung des Körpers auch eine spezielle Ernährungslehre. Dabei geht es nicht um dicke oder dünne Menschen, sondern um Menschen, die unter drei sogenannten Doshas eingeordnet werden. Jede der Doshas beschreibt die Energien, die in der Person vorhanden sind, im Gleichgewicht zu einander stehen oder aus der Balance geworfen wurden. Um die Person in eine der Dosha-Typen einzugliedern nutzen indische Therapeuten auch die Astrologie und holen sich das Horoskop der Person, um sich von dieser ein komplettes Bild zu machen. Das ist erstaunlich! Deshalb haben wir uns auch intensiv mit der medizinischen Seite von Ayurveda befasst.

Wo es Vorteile gibt, sind Nachteile und Kritiker nicht weit, insbesondere wenn es sich um Alternativmedizin und deren Bereiche handelt. Dies ist insbesondere bei der Alternativmedizin, in der Ayurveda im westlichen Kulturkreis fast schon fest verankert ist. Deshalb haben wir uns auch mit diesen Punkten beschäftigt und festgestellt, die spiritistische Seite von Ayurveda ist zwar vorhanden, doch steht nicht im Fokus dieser Heilkunde.

Es ist mehr als interessant, dass Ayurveda nicht nur seit mehr 3000 Jahren, die Basis ist noch älter, besteht, sondern insbesondere, dass diese Heilkunde auch heute immer noch aktuell ist. Dies ist nur bei ganz wenigen der vielen Heilkunden der Fall. Wie auch die chinesische Heilkunde gehört Ayurveda ebenfalls in den Bereich Alternativmedizin. Viele Menschen wenden sich von der Schulmedizin ab und gehen zu natürlichen Methoden über. Lassen Sie sich überraschen, was wir für den medizinischen Bereich zusammengetragen haben.

Interessant ist die Ernährungslehre, der wir ein großes Kapitel in unserem Ratgeber gewidmet haben. Unsere Rezeptvorschläge sind allerdings nicht auf die einzelnen Dosha-Typen ausgerichtet, sondern ausschließlich nach den Ernährungsregeln von Ayurveda.

In unserem kleinen Ratgeber wollen wir Ihnen Ayurveda näher bringen, in den Bereichen Heilkunst und Ernährung. Die Geschichte von Ayurveda ist interessant, deshalb haben wir sie nicht außer Acht gelassen. Das gilt auch für die Mythologie, die vielleicht den einen oder anderen zum Schmunzeln bringt. Speziell für die Ernährung haben wir eine Reihe Rezepte zum Nachkochen für Sie parat. Keine Bange, alle Gerichte sind einfach zu kochen, schmecken ausgezeichnet und, was sehr wichtig ist, sie sind gesund. Lassen Sie sich überraschen, was wir über Ayurveda herausgefunden haben und seien Sie gespannt auf unsere Rezeptvorschläge. Viel Spaß beim Lesen und Nachkochen.

1. Was man unter Ayurveda versteht

Ayurveda ist ein Begriff aus dem Sanskrit-Sprachschatz. Übersetzt wird der Begriff in der Regel mit „Wissen vom Leben", die wörtliche Übersetzung ist nicht so lang und lautet schlicht „Lebensweisheit". Ayurveda setzt sich aus der Philosophie und Erfahrungen von vielen Tausend Jahren zusammen, die sich auf die Gesundheit des Menschen konzentrieren. Im Fokus stehen dabei spirituelle, mentale, emotionale und physische Aspekte, viele Dinge, die Ayurveda mit der ganzheitlichen Heilkunde in Verbindung bringen.

Im Mittelpunkt von Ayurveda stehen

- Ernährungslehre

- Yoga auf spiritueller Ebene

- Heilpflanzenkunde

- Massagetechniken

- Techniken für die Reinigung des Körpers.

Es gibt viele sogenannte Ayurveda-Experten, die sich gut auskennen und es gibt ebenso viele, die viel reden und nichts sagen. Einen Experten, der sich mit Ayurveda hervorragend auskennt, wollen wir aus der Masse herausgreifen. David Frawley, ein US-Amerikaner hat folgendes über die Grundregel von Ayurveda geschrieben: „Alles, was wir selbst tun können, um unsere Gesundheit zu stärken, ist besser als das, was andere für unsere Gesundheit tun". Ein wahres Wort, denn wenn der Patient nur jammert und nichts tut, kann auch der beste Arzt der Welt nichts für ihn tun.

Prinzipien

Ayurveda unterscheidet drei Typen, die sogenannten Doshas, die sich in ihren Lebensenergien unterscheiden:

> ➤ Kapha ist das Strukturprinzip, das Wasser und Erde zugeschrieben wird. Es ist im Grunde das letzte der Doshas. Kapha hat die Bedeutung von „zusammenhalten" und steht für biologische Kraft und Stärke des menschlichen Körpers und seinem Geist. In den Bereich von Kapha fällt die Regulierung der im Körper vorhandenen Flüssigkeiten, wie Blut. Aber auch das Immunsystem und seine Stabilisierung sind Kapha zugeordnet.

> ➤ Vata beschreibt das Bewegungsprinzip, das Äther, Luft und Wind zugeschrieben und in Zusammenhang mit Veränderung gebracht wird. Vata steht für die Regulierung der im Körper stattfindenden bewussten und unbewussten Bewegungsabläufe. Aktivitäten werden hierbei gefördert und unterstützt. Die Unterstützung bezieht sich nicht nur auf die Muskeln und Glieder, sondern auch auf das Nervensystem und die inneren Organe.

> ➤ Pitta entspricht dem Stoffwechsel- und Feuerprinzip, dem Feuer und Wasser zugeschrieben wird und die Bedeutung von „erwärmen" hat. Dieses Dosha ist für das Verdauungssystem, die Stoffwechselprozesse und aller biochemischen Aktivitäten im menschlichen Körper verantwortlich. Umwandlung ist das Grundprinzip von Pitta. Aufgrund der Basiselemente von Pitta besteht zur Sonne und ihrer Energien ein sehr enger Zusammenhang.

Diese drei Prinzipien entsprechen denen des Lebens. Die Bezeichnung Doshas kommt nicht von ungefähr. Der Begriff bedeutet „Fehler" oder „Fehler-Potential". Die Aufgabe von Ayurveda im Heilbereich ist es, diese Fehler zu beheben und den Körper in die gesunde Ausgangsstellung zu bringen.

Diese soeben beschriebenen Energien sind in jedem gesunden Organismus enthalten und sollten sich stets im Gleichgewicht befinden. Bei einem Ungleichgewicht der Energien kommt es zu „Fehlern im System". Für eine Behandlung ist es wichtig, dass Therapeut und Patient wissen, welche Energie im Körper des Patienten vorherrscht. Diese Erkenntnis ist wichtig um die Fehlerquelle zu finden und das „System" wieder ins Gleichgewicht zu bringen. Je nach Dosha-Typ des Patienten kommen die für ihn geeignete Behandlung und die notwenigen Arzneimittel infrage.

Um das Verhältnis der Energie zueinander zu erforschen, nutzt der Therapeut die Blickdiagnose in Verbindung der Befragung und der Nadivgyan, der ayurvedischen Pulsdiagnose. Letzteres ist im Sharagadhara Samhita genau beschrieben. Um das Energieverhältnis, wie es sein sollte, zu ermitteln, nutzen Therapeuten in Indien die Astrologie, sprich: das Horoskop ihres zu behandelnden Menschen.

Um die Balance der Energien im Körper des Patienten wieder herzustellen, kommen verschiedene Therapien zum Einsatz. Reinigungsverfahren, auch Panchakarma genannt, Ordnungs- und Ernährungstherapie sowie Pflanzenheilkunde sind nur einige Verfahren, die verfügbar sind.

Für Reinigungsverfahren werden Bäder eingesetzt ebenso wie Einläufe, Fasten sowie Aderlass und Erbrechen. Auch Massagen gehören neben Arzneimittel, Yoga, Musik- und Farbtherapie und Atemübungen zu den Behandlungsmethoden. Wer sich einer Reinigung seines Körpers unterziehen will, sollte einen sehr guten Therapeuten aufsuchen, denn diese Maßnahme hat Nebenwirkungen, insbesondere dann, wenn die Gifte aus dem Körper an die Oberfläche kommen. Im Idealfall suchen diese Personen eine entsprechende Klinik auf; auch in Deutschland gibt es Kliniken, die sich auf Ayurveda spezialisiert haben.

Wie auch in der chinesischen Medizin sehen die Ayurveda-Heilmethoden den Menschen als Ganzes. Die Auslegung sieht den Menschen als eine Einheit von Körper, Seele, Verstand und Sinnen. Nach der Auslegung der Ayurveda-Heilmethoden kommen beim Menschen nicht nur die drei Energien oder Doshas vor, sondern auch sieben Grundstoffe, die in jedem Körper vorhanden sind. Zu diesen zählen

- Asthi

- Majja

- Mansa

- Meda

- Rakta

- Tasa

- Shukra.

Neben diesen Basisstoffen sind im menschlichen Körper, so die Auslegung von Ayurveda, auch Abfallstoffe wie Urin, Schweiß, Fäkalien usw. enthalten.

Wie der Mensch und seine Bestandteile wächst und verfällt, hängt einerseits mit seiner Ernährung zusammen. Aus der Aufnahme von Nahrung entstehen verschiedene Abfallprodukte, Mala genannt, im Körper, die Basisstoffe werden Dhatus genannt. Die Ernährung des Menschen hat auf seine Gesundheit und Krankheit Auswirkungen. Doch nicht nur die Ernährung, sondern auch die Verarbeitung der Nahrungsmittel, auch Stoffwechsel, Absorption und Assimilation sind davon betroffen. Beeinflusst werden Gesundheit und Krankheit eines Menschen von psychischen und physiologischen Dingen sowie vom Element Feuer.

2. Einblick in die Geschichte

Ayurveda gehört zu einer der ältesten Heilkunde weltweit. In Indien wird Ayurveda seit mehr als 3000 Jahren praktiziert. Doch im Grunde ist diese Heilkunst viel älter. Die Basis für Ayurveda bildete vor mehr als 5000 Jahren Adharva Veda, Ayurveda bildet in dieser Heilkunst einen Teilbereich, der, nach der Geschichte, auf Brahma, dem Schöpfer des Universums zurückgeht. Brahma schuf Ayurveda und sandte diese Lehre an Götter und Heilige, die wiederum diese Lehre auf die Erde sandten.

Schriftlich wurde die Lehre auf Palmenblättern und andere Materialien. „Susrutha Samitha", Ashtange Smgraha" und „Charakasmitha" sind die ältesten Schriften über Ayurveda, die bis heute erhalten sind. Zugeschrieben werden diese Schriften zum großen Teil den Ärzten Sushruta und Charaka, letzterem wird auch das Werk Vagbhatas zugeordnet. Die entwickelte sich etwa ab dem Jahr 500 v. Chr. Nur wenige Schriften sind bis heute erhalten, beispielsweise die achte Traktate des medizinischen Systems Ayurvedas.

Professor Andrea Cucina von der Missouri-Columbia-University fand im Jahr 2001 Hinweise darauf, dass bereits in der Steinzeit medizinisches Wissen vorhanden war. Im heutigen Pakistan hatten die Menschen schon zwischen 7000 und 6000 v. Chr. zahnärztliche Kenntnisse. Indische Ärzte beschrieben im 6. Jahrhundert vor Christi die Anatomie des Menschen bereits sehr genau und etwa 427 v. Chr. gab es in Sri Lanka Spitäler.

In Asien und speziell in Indien ist Ayurveda eine wissenschaftliche Heilmethode, die wissenschaftlich gelehrt wird.

Im Rahmen von Ayurveda gibt es vier Abhandlungen, auch Veden genannt. Diese bilden die Basis der Formen der indischen Philosophie.

Im Hinduismus werden Veden als Sammlungen religiöser Texte bezeichnet, die zuerst mündlich, später schriftlich verfasst und den folgenden Generationen überliefert werden.

Ayurveda ist nicht nur eine der ältesten Heilkünste, sondern auch eine, die sich bis heute erhalten hat. Diese Heilkunst fängt oft erst dann an, wenn die Schulmedizin mit ihren Möglichkeiten am Ende ist. Während in Indien ayurvedische Krankenhäuser in fast jeder Stadt vorhanden sind, gibt es solche Kliniken im westlichen Kulturkreis in der Regel kaum. Deshalb pilgern auch heute noch viele Menschen in den Südwesten Indiens, der Heimat von Ayurveda, um in einer ayurvedischen Klinik behandelt zu werden. Eine Behandlung, die Heilung verspricht.

Ayurveda hat sich im medizinischen Bereich im Laufe der Jahrhunderte naturgemäß weiter entwickelt, doch die Prinzipien aus den überlieferten Schriften blieben bis heute erhalten.

3. Ayurveda in der Mythologie

Im Gegensatz zur Geschichte Ayurvedas ist Dhanvantari, der Arzt der Götter derjenige, der Ayurvedas begründet hat. So geschrieben im Srimad Bhagavata Purana. Danach ist Dhanvantaria nicht nur der Ursprung von Ayurveda, sondern von allen Heilkünsten dieser Welt. Dhanvantaria ist nach der Mythologie der Arzt der Götter.

In den Hymnen (Samhitas) von Rig Veda werden Heilkräuter und deren Verwendung erwähnt. Insbesondere durch die Wundheilung der Götterzwillinge Ashvins, die Blinden das Augenlicht wieder gaben und Lahme von ihrer Krankheit erlösten, damit sie wieder gehen konnten.

Viele Zauberformeln, die in der Atharvaveda enthalten sind, sollten nach der Mythologie Krankheiten bekämpfen. In der Mythologie werden Krankheiten als eine Bestrafung durch einen der Götter angesehen, aber auch als Angriff von einem Dämon oder aber, ein Feind hat den Patienten verzaubert. Letzteres wird beim Voodoo auch heute noch praktiziert – ob der böse Zauber den Feind erreicht, konnte bislang nicht belegt werden. Die Zauberformeln der Atharvaveda sollen jedoch nichts Böses, sondern nur Gutes tun. Sie sollen Krankheiten durch die Beschwörung der Götter oder mit magischen Mitteln, Amuletten oder Heilpflanzen bekämpfen.

So interessant wie die Mythologie auch ist, wir denken, die Geschichte ist wahrheitsgetreuer wiedergegeben.

4. Ayurveda im medizinischen Bereich

In Indien bestimmt Ayurveda die medizinische Heilkunst seit mehr als viertausend Jahren und ist auch heute noch im medizinischen System des Landes zu finden.

Die Lehre von Ayurveda besagt, dass alle Krankheiten auf Fehler der Doshas zurückzuführen sind. Dass man im asiatischen Kulturkreis im Gesundheitswesen schon im Altertum weiter fortgeschritten war als im westlichen Kulturkreis, ist hinlänglich belegt worden. Denken wir neben Ayurveda auch an die chinesische Medizin, aber auch an die Griechen, die bereits in der Antike ihre Wissenschaftler hatten und Arznei aus Indien einführten und deren Rezeptur von den Griechen übernommen wurde.

Platon ist einer der Wissenschaftler, der im antiken Griechenland eine Theorie, ähnlich der von Ayurveda, in Bezug auf Krankheiten hatte. In seinen erhaltenen Texten wird eine Krankheit beschrieben, die aus Pneuma oder Luft (ayurvedisch: Vata), Chole oder Galle (ayurvedisch: Pitta) und Pflegma oder Schleim (ayurvedisch: Kapha) entsteht. Jean Fillozat, ein französischer Indologe, vertritt die Meinung, dass die Griechen und insbesondere Platon diese Theorie von den Indern übernommen haben, Vieles spricht dafür, hauptsächlich die hippokratische Sammlung, in der es verschiedene Referenzen gibt, die auf eine Übernahme der Theorie von Indien hindeuten.

Ayurveda ist heute ein wichtiger Bestandteil der Naturmedizin oder Alternativmedizin. In diesem Bereich wird die älteste Heilkunst erfolgreich angewandt. Interessant ist, dass Kritiker gegen diese Methode wettern, weil sie nicht wissenschaftlich belegt ist. Doch muss immer alles belegt sein? Wichtig ist doch, dass es auch Heilmethoden gibt, die ohne Chemie arbeiten, im Großen und Ganzen flexibel sind und den Menschen als Ganzes und nicht nur als eines der Symptome betrachten.

Grund für diese Kritik ist die Schulmedizin, deren Fundament eine ganz andere Struktur als Ayurveda hat. Während in der Schulmedizin Individualität, Vielfalt und Flexibilität nicht vorhanden ist, gelten diese drei Dinge bei Ayurveda als ganz natürliche Praktiken.

Nichts gegen die Schulmedizin, wir wollen in diesem Bereich auch keine Kritik anbringen. Und doch ist es die Bürokratie, die teilweise sehr lange braucht beispielsweise um neue Medikamente zuzulassen, auch wenn es erwiesen ist, dass diese den Menschen bei schweren Krankheiten helfen. Auch die Pharmaindustrie ist auf Gewinne bedacht, die sie durch den Verkauf ihrer Medikamente erzielt.

Alternativmedizin und Ayurveda haben eines gemeinsam: Die Behandlung braucht Zeit. Fakt ist, so schnell wie eine Krankheit wahrgenommen wird, geht sie nicht weg. Wir müssen uns folgendes vor Augen halten: Bis wir die Symptome wahrnehmen und erkennten, wütet die Erkrankung schon längere Zeit in unserem Körper. Nicht umsonst sagt man bei Schnupfen: bis er kommt vergehen zehn Tage, dann ist er zehn Tage sichtbar und er braucht weitere zehn Tage, um zu verschwinden. Wir nehmen jedoch nur die zweiten zehn Tage zur Kenntnis, nämlich dann, wenn die Nase läuft, wir viele Taschentücher brauchen und uns müde und ausgelaugt fühlen. Von den ersten zehn Tagen nehmen wir nichts wahr und die letzten zehn Tagen sind für uns eine Erlösung.

5. Krankheitslehre

Wie auch in der chinesischen Medizin steht auch bei Ayurveda das Gleichgewicht von Körper und Psyche im Vordergrund. Diese Balance findet sich auch in der Naturmedizin wieder. Und auch wir nutzen, wenn auch oft nicht bewusst, Heilpflanzen, denken wir nur an den Kamillen- oder Pfefferminztee.

Die Lehre, die wir von der ayurvedischen Heilkunst erfahren ist, dass die Gesundheit eines Menschen eine Kombination ist, bestehend aus gesundem Körper und gesunder Psyche. Prakruti, so lautet die ayurvedische Bezeichnung für die psychische und physische Konstitution des einzelnen Menschen. Nach Ayurveda ist die Prakruti einzigartig und, wie auch die DNA, bei jedem Menschen anders. Auch setzt sich alles im Universum aus fünf Elementen, den neun Dravyas (Substanzen) in Verbindung mit Manas (Geist), Atman (Seele), Dik (Raum) und Kala (Zeit) zusammen. Die fünf Elemente sind Erde, Feuer, Wasser, Äther und Luft, Elemente, die in jedem Stoff vorhanden sind, allerdings in verschiedenen Proportionen.

Einheit

Körper, Seele, Sinne und Verstand bilden nach Ayurveda eine Einheit, die sich in Balance befinden soll. Wir verwenden „soll", denn in der Regel ist das Gleichgewicht nicht immer vorhanden. Meist findet sich ein „Fehler im System", den es zu beheben gilt. Schon Turnvater Jahn sagte: Ein gesunder Geist in einem gesunden Körper. Wir können auch die Aussage wie folgt sagen: Eine gesunde Psyche in einem gesunden Körper. Für Turnvater Jahn kamen zwei der vier Faktoren von Ayurveda infrage.

Lehre

Krankheit und Gesundheit hängen von einer ausgeglichenen harmonischen Balance dieser Elemente ab. Ein Ungleichgewicht kann durch Einflüsse von innen und außen verursacht werden. Gründe können ungesunde Angewohnheiten wie übermäßiger Alkoholgenuss, rauchen oder aber unvorteilhafte Diäten sein. Ein weiterer Grund ist nach der ayurvedischen Lehre das Nichtbeachten von den Regeln, die für ein gesundes Leben stehen.

Ayurveda hat das Ziel, Krankheiten, auch ernste Erkrankungen zu vermeiden, wenn diese bereits vorhanden sind zu beheben. Therapeuten versuchen zu verstehen, was der Auslöser für diese Erkrankung ist, welche erste übliche und nicht üblichen Symptome vorhanden sind. Aufgrund dieser Erkenntnisse arbeiten Therapeuten daran, die Erkrankung nicht zum Ausbruch kommen zu lassen, indem sie dem Auslöser „den Boden" entziehen. Bei einer bereits zum Ausbruch gekommenen Erkrankung wird an die Heilung gearbeitet.

Grundsätzlich beinhaltet eine solche Therapie, für jeden Patienten die richtige Therapie zu finden. Diese beginnt mit der gesunden Ernährung, richtigen Lebensart und natürlich alles dafür zu tun, dass die Energien wieder im richtigen Verhältnis, sprich Balance zueinander sind. Doch zuerst muss der Therapeut die Dosha des Patienten bestimmten.

Missverständnisse und Vorteile

Meist erwarten die Menschen von Ayurveda eine eher spirituelle Philosophie oder gar Zauber. Zauber gibt es bei Ayurveda nicht und die spirituelle Philosophie ist nur ein kleiner Teil der Heilkunde, denn Ayurveda ist eine Heilkunst, welche die Ganzheitsmethode anwendet und die Therapien stets auf den einzelnen Menschen ausrichtet.

Die Frage ist: Was beschreibt die spirituelle Philosophie überhaupt? Sie beschreibt genau das, was auch die Wissenschaft ausmacht. Ayurveda und Wissenschaft haben mit dem verfügbaren Wissen ein systematisches Vorgehen. Dabei sammeln sie Erkenntnisse, stellen Thesen und Theorien auf, organisieren diese und geben die Informationen weiter.

Bei Ayurveda und der Wissenschaft wird das Wissen erst als Wissen bezeichnet, wenn dieses geprüft und belegt wird. Allerdings wird in der Regel bei der Wissenschaft übersehen, dass der Mensch nicht nur aus seinem Körper besteht. Bei Ayurveda ist das Ganzheitsprinzip die Regel, dies bedeutet, der Mensch besteht nicht aus seinem Körper, sondern auch aus Seele, Verstand und Sinnen.

Wie auch in der Schulmedizin gibt es bei Ayurveda keine Wunderheiler. So schnell wie die Erkrankung sichtbar wird, kann sie nicht geheilt werden. Es gibt viele chronische Krankheiten, bei denen auch die Schulmedizin nur die Symptome lindern kann und auch die Methoden von Ayurveda zu spät kommen. Das ist der Fall, wenn der Patient lange Zeit von der Schulmedizin behandelt wurde und sich erst, wenn gar nichts mehr geht, Ayurveda zuwendet.

Krankheiten, die lange andauern, brauchen eine Behandlung nach den Regeln von Ayurveda, die über Monate gehen kann. Die ayurvedischen Methoden wollen mit den zur Verfügung stehenden Mitteln den Körper wieder ins Gleichgewicht und damit in seinen Ausgangszustand bringen. Es ist zu bedenken, dass der Weg zum gesunden Ausgangsstandpunkt lange und schwer werden kann, denn viele Krankheiten wüten lange Zeit im Körper bis sie sich zeigen.

Der große Vorteil einer ayurvedischen Behandlung ist, sie hat keine Nebenwirkungen. Ausnahme ist Reinigung des Körpers, die ausschließlich von einem fachlich versierten Therapeuten gemacht werden soll. Kommen wir zu den Nebenwirkungen zurück. Denken wir an viele Medikamente, deren Nebenwirkungen sich als schlimmer als die

Krankheit selbst erweisen. Es ist blanker Unsinn, wenn Arzneimittel ohne Nebenwirkungen keine positiven Wirkungen haben.

Auch die Anwendungen nach Ayurveda können Nebenwirkungen mit sich bringen, meist sind diese positiv, können aber auch unangenehm sein.

Diagnose

Wie bereits erwähnt ist Ayurveda eine Heilkunst, die seit mehr als 3000 praktiziert wird. Deshalb finden Sie bei der Untersuchung in der Regel auch keine hochmodernen Geräte, sondern einen Therapeuten, der die Untersuchung nach den überlieferten Regeln durchführt.

Untersucht wird der ganze Mensch, dies bedeutet eine körperliche Untersuchung sowie die Untersuchung von Urin und Puls, Augen und Zunge. Für den Therapeuten ist es nicht von Belang, wo der Schmerz sitzt, sondern er untersucht grundsätzlich den ganzen Menschen. Diese Untersuchung kann das Verhältnis der Doshas bestimmen. Aufgrund dieser Untersuchung erfolgt die Therapie.

Behandlung

Bei der Therapie werden alle Faktoren, die für das Ungleichgewicht der Doshas ursächlich sind oder dieses fördern, vermieden. Die Hauptpfeiler einer Ayurveda-Behandlung sind manuelle Therapie, Arzneimittel, einer auf den Patienten zugeschnittene Diät sowie einem vorgeschriebenen Tagesablauf, wobei der Fokus auf die Diät gelegt wird.

Bei der individuellen Diät erhält der Körper ausschließlich Nahrung, die qualitativ und quantitativ hochwertig ist. Diese Nahrung kann der Körper zu ebensolchem Gewebe verstoffwechseln. Ein weiterer Grund ist, dass die Zusammensetzung der Nahrung Auswirkungen auf den gesamten Organismus hat. Deshalb wird bei der Diät auf das richtige Verhältnis der Elemente geachtet.

Durch die ganzheitliche Behandlung geht Ayurveda im Gegensatz zur Schulmedizin, die lediglich die Symptome, nicht aber die Ursache bekämpft, gleich zur Ursachenbekämpfung über. Bei akuten Erkrankungen wie Erkältungen, die nach den Regeln von Ayurveda bereits im Anfangsstadium therapiert werden, entfaltet sich die Wirkung schnell und ist von Dauer.

Neben Reinigung und anderen Verfahren werden auch Arzneimittel für die Behandlung angewendet. Diese haben jedoch keine oder nur geringe Nebenwirkungen. Diese treten auf, wenn die Gifte, die tief im Körper vorhanden sind, aktiviert und an die Oberfläche gedrängt werden. Auch können Nebenwirkungen auftreten, wenn sich Prakriti und Virya nicht vertragen, sprich, wenn die Verfassung des Patienten und die Kraft der Arznei im „Krieg" sind.

Es ist nun einmal ein Irrglaube, dass Gift mit Gegengift behandelt werden muss und alle Medikamente, die helfen sollen, Nebenwirkungen haben müssen. Dabei sind die Nebenwirkungen oft schlimmer als die eigentlich Erkrankung.

Kritik

Ayurveda ist eine alte indische Heilkunst, die den Menschen hilft, Erkrankungen zu vermeiden und ihren Körper ins Gleichgewicht zu bringen. Schaden fügt diese Heilkunst keinem Menschen zu! Dennoch sind auch hier Kritiker am Werk, die sich zu Wort melden. Meist sind es Mediziner der Schulmedizin, in der es kein Verständnis für Ayurveda und anderen alten Heilkünsten gibt. Von diesem Nichtverständnis ist auch die Alternativmedizin betroffen, dennoch gehen immer mehr Menschen dazu über.

Insbesondere geht es bei der Kritik um Arzneimittel, die teilweise dem europäischen Qualitätsstandard nicht standhalten. Fakt ist jedoch, dass es indische Produkte in Mitteleuropa im Handel gibt, die sämtliche Standards wie ISO 9000/9001, ISO(IEC 17025, BDIH und HACCP einhalten. Dies gilt weniger in Hinsicht auf Belastung der Produkte durch Schwermetalle, für die der GMP-Standard maßgeblich ist.

Wer Ayurveda-Produkte direkt aus Indien bezieht, der sollte damit vorsichtig umgehen. In einigen Produkten liegt der Anteil von Metallen sehr hoch, beispielsweise lag bei Untersuchungen der Mittelwert beim Bleigehalt zwischen 17 und 41 %. Dies war besonders bei Produkten, die Rasa-shastra beinhalten.

In Deutschland sind diese Produkte, die Schwermetalle beinhalten, nicht im Handel gehältlich.

6. Ernährungslehre

Die Ernährungslehre nach Ayurveda ist auf die Jahreszeiten abgestimmt ebenso wie auf die persönliche Verfassung des einzelnen Menschen. Die Ernährung hat großen Einfluss auf den Menschen und seinem Wohlbefinden. Nach Ayurveda werden viele Erkrankungen durch falsche Ernährung und Essgewohnheiten verursacht. Übrigens: Diese Ernährungslehre hat auch in der Alternativmedizin Bestand. Warum? Weil Ayurveda auch in der Alternativmedizin ihren Platz hat.

Das beste Ergebnis jeder Ayurveda-Therapie erreicht man mit der Verbindung zwischen einer speziellen Diät und Vorgaben für Bewegungen.

Die Geschmacksrichtungen stehen mit den fünf Grundelementen in enger Verbindung:

> Erde, Wasser — süß

> Feuer, Wasser — sauer

> Wasser, Feuer — salzig

> Luft, Raum — bitter

> Feuer, Luft — scharf

> Erde, Luftastrigierend (zusammenziehend)

Die Basis der ayurvedischen Küche sind die Eigenschaften der Lebensmittel, wobei jedem Lebensmittel eine Eigenschaft zugeordnet wird, beispielsweise trocken, kalt, schwer, warm, leicht, feucht usw. Diese Eigenschaften bilden die Grundlage für den Ernährungsplan des Patienten, wobei für jeden einzelnen Patienten ein individueller Ernährungsplan erstellt wird. Therapeuten achten verstärkt darauf, dass sich Nahrungsmittel und Kombinationen von Lebensmitteln auf den Patienten positiv auswirken. Eine ungünstige Zusammenstellung der Nahrungsmittel wirkt sich auf den Körper aus; die Nahrung kann der Körper schlecht verwerten, toxische Stoffe bleiben im Darm und lagern sich dort ab.

Nach der ayurvedischen Lehre bekämpft eine ausgeglichene Ernährung die Disharmonie im Körper. Deshalb spielen Gewürze bei der ayurvedischen Ernährung ebenfalls eine große Rolle. Zubereitet werden die Gewürze mit frischen Lebensmitteln; dies stärkt das Immunsystem und die Verdauungsorgane. Daneben werden Seele und Geist durch die richtige Ernährung positiv beeinflusst; Unlust, Unkonzentriertheit, Ruhelosigkeit und andere Disharmonien werden bekämpft.

Die Ernährungslehre nach Ayurveda teilt die Nahrungsmitteln in drei Klassen:

> ➤ <u>Toma-Guna</u>
>
> In diese Gruppe fallen sämtliches Fleisch, Fisch und Geflügel.
>
> Diese Nahrungsmittel nehmen dem Körper viel Energie weg; auch werden sie für Schmerzen und verschiedenen Krankheiten als Ursache genannt.

> ➤ <u>Rajo-Guna</u>
>
> Beheimatet sind dieser Gruppe alle Lebensmittel, die bitter, salzig, scharf, sauer, heißt oder trocken sind. Zwiebeln, Chili und Knoblauch gehören in diese Gruppe.
>
> Nach Ayurveda erhitzen diese Nahrungsmittel Körper und Geist, sie können Aggressionen hervorrufen.

> Sattva-Guna

In dieser Gruppe befinden sich Gemüse, Obst, Früchte, Milchprodukte und Getreide.

Diese Lebensmittel sind saftig, süß, ölig. Sie verlängern das Leben der Menschen und geben ihnen ein optimales Lebensgefühl.

Bei der Ernährungsweise nach Ayurveda sollte Fleisch nicht täglich auf den Tisch kommen, sondern nur selten. Für Menschen, die ausgezehrt sind oder über die Vata-Konstitution verfügen ist Fleisch indiziert.

Es ist ein Irrglaube, dass die Küche nach Ayurveda vegetarisch ist. Eine generelle Ablehnung von Fleisch, Fisch und Geflügel ist ebenso wenig vorhanden wie die von Alkohol. Wein beispielsweise eignet sich als Medikament, das die Müdigkeit vertreibt. Allerdings sollte der Wein in geringen Mengen genossen werden.

Für jeden der drei Dosha-Typen gibt es einen speziellen Ernährungsplan.

> Kapha-Typen haben im Gegensatz zu Pitta-Typen eine langsame Verdauung und damit einen niedrigen Umsatz. Diese Menschen neigen zu Übergewicht, insbesondere deshalb, weil sie sich neben falschen Essgewohnheiten auch unzureichend bewegen. Nach Ayurveda stehen warme Mahlzeiten und Getränke auf dem Ernährungsplan; Gerichte, die viel Gemüse, aber wenig Fleisch enthalten.

Empfohlen werden die Geschmacksrichtungen herb und bitter.

> Vata so Ayurveda, neigen gerne zu Untergewicht, Verdauungsstörungen, meist zu Verstopfungen. Nach Ayurveda sollten diese Menschen regelmäßig kochen, wobei sie auf nährende Kost achten sollten. Die Gerichte sollten ein wenig Fett enthalten, warm sein. Auch die Getränke sollten warm sein.

Empfohlen werden die Geschmacksrichtungen sauer, süß und salzig.

> Pitta-Typen neigen aufgrund ihrer feurigen Verdauung zu Heißhunger. Diese Menschen können Gerichte zu sich nehmen, wobei es keinen Unterschied macht, ob diese Mahlzeiten warm oder kalt sind. Gebratenes, Frittiertes sollten sie jedoch meiden. Achten sollten sie auch darauf, dass sie nicht zu viel essen, auch wenn sie buchstäblich Heißhungerattacken haben.

Empfohlen werden die Geschmacksrichtungen herb, bitter und süß

Anders sieht es bei Kindern aus. Kinder sind im Wachstum, weshalb bei ihnen Kapha dominiert. Weil Kinder wachsen sollen, wird Kapha im Rahmen gehalten, keinesfalls jedoch ausgebremst. Die Ernährung für Kinder besteht aus Kohlenhydraten (süß), Obst, gekocht oder frisch (sauer und salzig).

Stoffwechsel

Der Stoffwechsel leistet im Körper Schwerstarbeit, besonders wenn der Mensch Mahlzeiten mit schwer verdaulichen Nahrungsmitteln zu sich nimmt. Der ayurvedische Begriff für Stoffwechsel ist Agni, was übersetzt so viel wie Verdauungsfeuer heißt. Dieses Feuer sollte nicht ausarten, sondern in den Bereichen Gewebe und Verdauung den Erfordernissen entsprechend brennen.

Ein ausgeglichener Stoffwechsel ist einer der Grundpfeiler für die Gesundheit des Menschen. Entlasten kann man den Stoffwechsel durch Heilpflanzen und Gewürze. Zu den Gewürzen und Pflanzen, welche den Stoffwechsel unterstützen gehören Cayennepfeffer, Schwarzer Pfeffer, Zimt, Ingwer, Pippali, Hing, Nelken, Kreuzkümmel, Zwiebel, Knoblauch , Meerrettich und eine Reihe anderer.

Ihren Stoffwechsel bringen Sie in Schwung, wenn Sie heißes Wasser trinken. Mit jedem Schluck wird das Hungergefühl vertrieben und gleichzeitig Kapha und Vata ins Gleichgewicht gebracht. Bewegen Sie sich, idealerweise in den frühen Morgenstunden. Seien Sie aktiv, ob im Fitnessstudio, beim Joggen oder einfach nur beim Spaziergang. Meiden Sie den Aufzug und nehmen Sie die Treppe, auch wenn es mehr als zwei Etagen hinaufgeht.

<u>Gewebeaufbau</u>

Bei Ayurveda werden sieben Gewebegruppen unterschieden. Die Einteilung erfolgt aufsteigend nach der Dauer, die für den Zyklus der Erneuerung des Gewebes gebraucht wird, aber auch nach anderen Merkmalen.

- ➤ Rasa steht für Lymphe,

- ➤ Rakta steht für den Anteil der Zellen im Blut, in den Venen und Sehnen

- ➤ Mamsa steht für die Haut und das Gewebe der Muskeln

- ➤ Meda steht für das Fettgewebe

- ➤ Asthi steht für den stabilisierenden Anteil an Gewebe der Knochen

- ➤ Majja steht für das Nervengewebe und das Knochenmark

- ➤ Shukra steht für die Erneuerung des Organismus und dem Fortpflanzungsgewebe.

7. Ernährung nach Ayurveda

Jeder Mensch fühlt sich wohl, wenn er sein Wohlfühl-Gewicht erreicht hat. Die Probleme mit dem Körpergewicht resultieren aus unseren Essgewohnheiten, die teilweise weder gesund sind noch den Bedürfnissen unseres Körpers entsprechen. Seien wir doch einmal ehrlich! Wir essen zu viel Fleisch und Fleischprodukte, lieben Fast Food und gönnen uns oft nicht nur eine herrlich belegte Pizza. Nicht alles was wir essen, wird von unserem Körper wohlwollend aufgenommen. In der Regel leisten Stoffwechsel und Verdauungstrakt Schwerstarbeit. Dabei ist es so einfach, sich gesund zu ernähren.

Eine gute Art der Ernährung ist die Basis für Zufriedenheit und Glück. Diese Tatsache finden wir nicht nur bei Ayurveda, sondern auch in der Alternativmedizin. Mit Übergewicht wird der Grundstein für viele Erkrankungen gelegt, beispielsweise Diabetes.

Die richtige Ernährungsweise ist, wenn man zur rechten Zeit isst und, vor allen Dingen, das Richtige isst. Da kommt uns ein altes Sprichwort in den Sinn: Sag mir, was Du isst und ich sage Dir, wer Du bist. So ganz anfreunden können wir uns damit nicht, doch ein Fünkchen Wahrheit ist wohl vorhanden. Mit einer gesunden Ernährungsweise trägt man zu einem gesunden und aktiven Leben bei, gleichzeitig kann man dadurch viele Krankheiten vermeiden. Die richtige Ernährung ist die beste Unterstützung der Balance der Doshas.

Grundsätzlich werden beim Kochen nach Ayurveda **vor** den Hauptmahlzeiten süße Gerichte gereicht. Dies ist der krasse Gegensatz zum herkömmlichen Menü, bei dem Süßspeisen als Dessert, also nach dem Hauptgericht auf den Tisch kommen.

Die ayurvedischen Regeln besagen, dass Süßspeisen nur schwer verdaulich sind. Damit braucht der Körper länger für die Verdauung als es für Gemüse und Co. notwendig ist. Verdauung steht bei Ayurveda im Fokus. Dies ist einer der Gründe, warum die meisten Speisen gekocht sind und Rohkost nur ganz selten auf den Tisch kommt.

Liebe geht durch den Magen, könnte ein Grundsatz der ayurvedischen Lehre sein. Mit Liebe kochen, in Gemeinschaft mit anderen Menschen essen und jeden Bissen beißen, gut kauen, saugen und lecken, bis man ihn endlich schluckt. Auf diese Weise werden alle Geschmacksnerven aktiviert, welche die verschiedenen Geschmacksrichtungen, die bei jeder Mahlzeit harmonisch kombiniert sein sollten, aufnehmen.

Beginnen Sie heute

Ihre Ernährungsweise zu ändern. Veränderungen sollten in kleinen Schritten erfolgen, damit die Umstellung ohne Stress vonstatten geht. Bedenken Sie, jede auch noch so kleine Veränderung löst eine neue Situation aus. Fangen Sie mit den Dingen an, deren Verlust Ihnen nicht schwer fällt.

Essen Sie langsam und mit Genuss. Lassen Sie sich Zeit beim Essen, nehmen Sie den Geschmack Ihrer Mahlzeit bewusst wahr.

Essen Sie regelmäßig, idealerweise immer zur selben Zeit. Kochen Sie sich mittags eine Mahlzeit, die gesund und ausgewogen ist.

Machen Sie den Dosha-Test und nutzen die Informationen für Ihren persönlichen Ernährungsplan. Den Dosha-Test finden Sie auf einschlägigen Ayurveda-Websites.

Stellen Sie sicher, dass alle Geschmacksrichtungen, die wir in Kapital 6 aufgelistet haben, in Ihren Mahlzeiten enthalten sind. Alternativ können Sie auch die Geschmacksrichtungen auf Ihren täglichen Speiseplan verteilen.

Essen Sie in einer Atmosphäre, die von Ruhe geprägt ist. Bleiben Sie nach Ihrer Mahlzeit mindestens fünf Minuten sitzen.

Vermeiden Sie schwere Lebensmittel wie Wurst, Fisch oder andere proteinreichen Nahrungsmittel am Abend. Gehen Sie auf leichte Kost über.

Ernährung für jeden Dosha-Typ

Jeder Mensch ist anders, keine Frage. Bei Ayurveda sind die Eigenschaften der Menschen in drei Dosha-Typen aufgeteilt. Jeder Typ braucht eine andere Ernährung, damit sein Körper im Gleichgewicht ist und bleibt. Wir haben die Ernährungstipps für alle drei Typen für Sie aufgelistet.

Vata-Typ

Vata-Typen neigen zu Darmproblemen, hauptsächlich geht es dabei um Verstopfungen. Diese Ernährungstipps wenden sich an speziell an Vata-Typen, aber auch an diejenigen, die eine Vata-Unausgeglichenheit haben.

Der erste und zugleich wichtigste Ernährungstipp ist, dass dieser Personenkreis ausreichend isst und das regelmäßig, nach Möglichkeit immer zur selben Zeit. Warme, nicht zu trockene Speisen und warme Getränke eignen sich hierbei besonders. Bei den Mahlzeiten sind die Geschmacksrichtungen salzig, sauer und süß zu wählen.

Auf dem Ernährungsplan sollten kleine Mengen an Getreide, insbesondere gekochte Haferflocken, Reis und Weizen stehen. Auch rote Linsen und gelbe Mung-Bohnen sowie viele Arten von Gemüse wie Zucchini, Artischocken, Karotten, Tomaten, Gurken, Sellerie, Rettich, Papaya, rote Bete, Süßkartoffeln, weiße Kürbissorten. Spinat dagegen sollte vorsichtig dosiert werden.

Vata-Typen dürfen Milchprodukte aller Art essen. Beim Käse sollten sie jedoch darauf achten, dass sie frischen, weichen Käse verwenden.

Auch bei Ölen gibt es für Vata-Typen keine Ausnahme ebenso bei Nüssen. Beim Süßmittel ist dies ein wenig anders: Auf den Speiseplan gehören Produkte aus Zuckerrohr, aber nur kleine Dosen an Honig.

Vata-Typen können ihre Speisen großzügig mit Ingwer, Senfsamen, Zimt, Kardamom, Anis, Nelken, Salz, Kumin, Bockhornklee-Samen und Zitronensaft sowie Fenchel würzen. Schwarzer Pfeffer sollte ebenso wie alle anderen Gewürze nur in kleinen Mengen verwendet werden.

Früchte sind gesund und Vata-Typen dürfen hier kräftig zugreifen. Allerdings sollten alle Früchte saftig, süß und vor allen Dingen reif sein. Lediglich Trockenfrüchte sollten vorher eingeweicht werden.

Pitta-Typ

Pitta-Typen erkennt man daran, dass sie immer Heißhunger haben und kalte sowie warme Speisen und Getränke bedenkenlos zu sich nehmen können. Aufgrund der feurigen Verdauung der Pitty-Typen eignen sich die Geschmacksrichtungen herb, bitter und süß gut, aber auch adstringierend, was zusammenziehend bedeutet. Diese Geschmacksrichtungen haben die Gabe, zur Abkühlung der feurigen Verdauung beizutragen.

Auf dem Ernährungsplan der Pitta-Typen dürfen die Getreidesorten Reis, Gerste, Hirse, Mais, Weizen und Haferflocken stehen. Auch sollten Sojaprodukte, gelbe Mung-Bohnen und kleine Nierenbohnen können auf dem Speiseplan stehen.

Bei Gemüse dürfen Pitta-Typen buchstäblich zuschlagen; es gibt kaum ein Gemüse, das ihnen nicht bekommt. Im Gegensatz dazu sollten diese Personen bei Milchprodukten wählerisch sein. Für sie eignen sich

Milch, Buttermilch, Butter, Sahne, Rahmkäse, Ghee und Lassi.

Bei Süßungsmittel wie Zucker, weiß oder halbraffiniert, sowie Honig sollte die Dosierung sehr vorsichtig sein. Bei Öle eignen sich am Besten Kokos-, Sonnenblumen- und Olivenöl zum Kochen, Braten und für Dressings.

Pitta-Typen sollten sich bei der Wahl der Nüsse ausschließlich auf Kokosnüsse spezialisieren. Für das Würzen der Speisen eignen sich Koriander, Gelbwurz, Safran, Zimt, Kardamom, Nelken, Kumin und Fenchen; bei Ingwer ist auf die Dosierung zu achten.

So richtig zuschlagen dürfen Pitty-Typen bei Früchten nicht wirklich. Für diesen Personenkreis sind Granatäpfel, Mango, Melonen, Trauben, Bananen, Avocado, Äpfel, Mango, Rosinen, Birnen, Feigen, Aprikosen, Datteln, Oliven, Ananas, Kiwis, Grapefruit sowie in kleinen Mengen Papaya die beste Wahl.

Kapha-Typ

Kapha-Typen haben in der Regel eine langsame Verdauung und damit auch einen niedrigen Umsatz. Zwei Faktoren, die für Übergewicht ursächlich sind. Deshalb sollte dieser Personenkreis auf leichte Kost achten, warme Getränke und Mahlzeiten, die eine herbe, bittere und scharfe Note haben. Alle Gerichte sollten fettarm sein und heiß gegessen werden. Ideal für Kapha-Typen ist eine leichte Diät.

Gar nicht oder nur ganz selten sollten üppige Mahlzeiten, die viel Fett enthalten, auf dem Ernährungsplan stehen. Auch kalte Speisen sowie eisgekühlte Getränke und die Geschmacksrichtungen salzig, sauer und süß sollten tunlichst vermieden werden.

Getreide sollte lange gelagert sein, bevor es sich für den Verzehr eignet. Kapha-Typen dürfen sämtliche Getreidesorten in ihren Speiseplan aufnehmen. Das gilt auch für Bohnen und Dal mit Ausnahme von Tofu.

Bei Gemüse dürfen Kapha-Typen, wie die Pitta-Typen auch, kräftig zuschlagen. Lediglich rote Bete sollten in kleinen Mengen auf dem Ernährungsplan stehen. Butter-, und Magermilch sowie Lassi sind für Kapha-Typen geeignet, allerdings sollten Vollmilch und Ghee nicht in großen Mengen auf dem Plan stehen.

Kapha-Typen sollten ausschließlich mit Honig süßen; sämtliche Öle sind niedrig zu dosieren. Im Gegensatz dazu gibt es nur wenige Gewürze, die eine niedrige Dosierung verlangen. Dazu gehören Salz, sehr scharfe Gewürze und Zitronensaft. Bei der Auswahl der Früchte sollte dieser Personenkreis vorsichtig sein. Zum Verzehr eignen sich Datteln, Äpfel, Guaven, Trauben, Granatäpfel, Rosinen, Pfirsiche, Papaya und Preiselbeeren.

Ghee

Sie werden in unseren Rezepten oft den Begriff „Ghee" wiederfinden. Nicht alle Menschen wissen was Ghee ist. Bevor wir also zu den Rezepten kommen, klären wir Sie über Ghee auf.

In der ayurvedischen Ernährungslehre ist Ghee die Butter schlecht hin, in Europa wird Ghee auch Butterschmalz genannt. Ghee ist nicht nur ein Lebensmittel, sondern auch Medizin.

Ghee ist in der ayurvedischen Heilkunst ein wichtiger Bestandteil, denn Ghee kann auch äußerlich eingesetzt werden. Deshalb wird Ghee im Ayurveda auch das „goldene Elixier" genannt. Im gesundheitlichen Bereich wird Ghee hauptsächlich zur Entgiftung eingesetzt, ist aber auch hilfreich bei der Bekämpfung hoher Cholesterinwerte, insbesondere dann, wenn bestimmte Kräuter hinzukommen.

Ghee ist, wie auch Kokosöl, hoch erhitzbar. Dies ist wichtig, wenn Sie Fleisch, Gemüse anbraten oder frittieren wollen. Daneben kann man Ghee lange lagern, nicht nur im Kühlschrank, sondern auch ungekühlt über mehrere Wochen. Ein weiterer Vorteil ist, dass Ghee keine Laktose beinhaltet und sich daher für alle Menschen, auch für die Personen, die unter Laktoseintoleranz leiden, als „Butter" eignet.

In Ghee sind 30 % ungesättigte Fettsäuren enthalten sowie mehrere fettlösliche Vitamine. Ghee ist leicht verdaulich, entzündungshemmend und kann für alle Gerichte verwendet werden.

Im medizinischen Bereich von Ayurveda gilt Ghee als das Allheilmittel schlecht hin. Ghee reinigt das Blut, stärkt das Immunsystem und fördert die Balance des Hormonhaushalts.

Wir haben für unsere Rezepte Ghee verwendet, weil wir von dessen Vorteilen überzeugt sind.

8. Rezepte

Wir haben viele Informationen über Ayurveda zusammengetragen und Sie in den vorangegangenen Kapiteln – wie wir uns wünschen – ausreichend informiert. Alles Wichtige über die Ernährungslehre nach Ayurveda haben wir Ihnen näher gebracht. Doch nun wird es Ernst – wir kommen zur Ernährung selbst; sprich: zu den Rezepten. Alle Rezepte können sich nachkochen. Wir haben uns bei den Rezepten nicht an den Dosha-Typen orientiert, sondern die Rezepte ausgewählt, die einfach nach zu kochen sind.

Bei unseren Kochkünsten haben stets Kristallsalz und frisch gemahlenen Pfeffer verwendet.

Frühstück

Frühstücksbrei

für 1 Portion

100 g Haferflocken

1 Apfel

1 EL Ghee

je 1 Handvoll Rosinen und Nüsse

nach Belieben Ingwer

nach Belieben Wasser

Zimt

Agavendicksaft

Ingwer putzen, reiben, Apfel waschen, großzügig würfeln.

Ghee in einem kleinen Topf erhitzen, Nüsse, Rosinen und Ingwer zufügen, anrösten.

Haferflocken zufügen, schwenken, mit Wasser aufgießen, bis das
Wasser 1 cm über den Haferflocken steht.

Die Temperatur der Herdplatte reduzieren, so lange köcheln lassen,
bis die Haferflocken das ganze Wasser aufgenommen haben.

Ein wenig Wasser in einem weiteren Topf erhitzen, Apfelwürfel, Zimt
zufügen, weich dünsten.

Haferflocken-Mischung aus dem Topf in einen tiefen Teller schütten,
Apfelwürfel zufügen, mit Agavendicksaft süßen.

Frühstück á la Ayurveda

für 1 Portion

1 Glas Reisflocken

1 Päckchen Vanillezucker

1 Apfel

4 EL Rosinen

Ahornsirup

Zimt

etwas Kardamom

250 ml Wasser

Apfel waschen, würfeln.

Wasser in einen Topf geben, zum Kochen bringen, Rosinen, Vanillezucker zugeben, mit Kardamom würzen, das Ganze 2 Minuten köcheln lassen.

Apfelwürfel zu den Rosinen geben, weiter köcheln lassen, bis der Apfel weich ist.

Reisflocken zufügen, unter Rühren köcheln lassen, bis das Ganze eine breiige Masse ist.

Die Masse in einen tiefen Teller geben, mit Ahornsirup süßen, mit Zimt abschmecken.

Salate

Lauwarmer Bohnensalat mit Reis und Käse

für 2 Portionen

1 kleine Dose Kidney-Bohnen

150 g grüne Bohnen

2 Kardamom-Kapseln

1 Tasse Reis

1 Mango

1 Zwiebel

1 Zitrone

1 Bund Petersilie

1 Packung Feta-Käse

2 EL Olivenöl

1 EL Zucker

Salz

Backofen auf 150 °C vorheizen, Backblech mit Backpapier auslegen.

Grüne Bohnen putzen, stückeln. Wasser in einem Topf erhitzen, grüne Bohnen zufügen, bissfest kochen.

In einem weiteren Topf Wasser und Salz aufkochen lassen, Reis zufügen, köcheln lassen, bis der Reis gar ist.

Mango schälen, entsteinen, würfeln.

Petersilie abbrausen, hacken.

Kidney-Bohnen in ein Sieb geben, unter fließendem Wasser gründlich abspülen.

Kardamom-Kapseln öffnen, Kardamom entfernen, mit einem Mörser zerstampfen.

Mango, grüne Bohnen, Reis, Mango, Kidney-Bohnen mischen, Kardamom-Pulver zufügen, mischen, Petersilie zugeben, alles gut vermischen.

Zwiebeln abziehen, würfeln.

Olivenöl in einer Pfanne erhitzen, Zwiebelwürfel zufügen, glasig dünsten, in eine Schüssel geben.

Zitrone auspressen, Saft zu den Zwiebeln geben, Zucker und Olivenöl zufügen, das Ganze mit dem Pürierstab pürieren. Die Mischung über die Bohnen-Mango-Mischung geben, vermischen.

Den Käse auf das Backblech legen, in den Backofen schieben und ca. 20 Minuten backen.

Käse mit Salat servieren.

Rote Bete Salat

für 3 Portionen

350 g Rote Bete

1 gute Handvoll frischer Koriander

2 EL Erdnussöl

1 EL Kokosraspeln

1 TL Salz (wir haben Kristallsalz verwendet)

1 TL Yaconsirup

1 EL Senfsamen

¼ TL Hing

¼ TL Curcuma

¼ Chili

In einem Topf Wasser und Salz zum Kochen bringen, rote Bete zufügen, garen.

Koriander abbrausen, hacken.

Gegarte rote Bete auf Küchenkrepp legen, die Haut entfernen, raspeln, beiseite stellen.

In einem Topf Erdnussöl erhitzen, Senfsamen zufügen, anrösten lassen. Wenn die Senfsamen anfangen zu springen, Hing, Curcuma, Kokosraspeln zufügen, anrösten.

Die geraspelten rote Bete zufügen, mit Salz, Bacon-Sirup und Koriander würzen und alles gut vermischen.

Salat mit roten Linsen

für 1 Portion

300 ml Gemüsebrühe

90 g rote Linsen

1 rote Paprikaschote

1 Orange

1 Stück Ingwer (ca. 1 cm)

1 Bund Schnittlauch

1 Bund Radieschen

1 TL Olivenöl

Schwarzer Pfeffer

Anis

etwas Salz

Gemüsebrühe in einen Topf geben, aufkochen lassen, Linsen zufügen, 12 Minuten köcheln lassen, abgießen, abkühlen lassen.

Paprika putzen, entkernen, klein schneiden.

Radieschen waschen, ebenfalls klein schneiden.

Ingwer waschen, evtl. schälen, reiben.

Linsen in eine Schüssel geben, Paprika, Radieschen und Ingwer zufügen, mischen.

Schnittlauch abbrausen, in kleine Röllchen schneiden, zum Linsen-Salat geben.

Orange auspressen, Saft in eine kleine Schüssel geben, Öl zufügen, mit Pfeffer und Salz würzen, mit Anis abschmecken, das Dressing über den Salat geben, gut vermischen.

Hauptgerichte

Gemüse mit Mung Dal

für 4 Portionen

500 g frisches Gemüse (nehmen Sie Gemüse der Saison, das ist frisch und hat keine langen Wege hinter sich)

250 Mung-Bohnen (Mung Dal)

2 Lorbeerblätter

2 getrocknete Chilis

1 Stange Zimt

2 EL Ghee

2 EL Korianderblätter

1 EL Ingwer

2 TL gemahlener Kreuzkümmel

2 TL Curcuma

¼ TL Asafötida

1 ½ l Gemüsebrühe

Das Gemüse waschen, evtl. verlesen, in kleine Würfel schneiden.

Die Zimtstange in 3 Stücke brechen.

Chili waschen, teilweise entkernen, im Mörser zermahlen.

Ingwer waschen, evtl. schälen, fein reiben.

Koriander abbrausen, hacken.

Mund Dal unter fließendem Wasser waschen, in ein Sieb geben, abtropfen lassen.

Gemüsebrühe in einen Topf geben, Lorbeerblätter und Zimt zufügen, aufkochen lassen, Mung Dal zufügen, aufkochen lassen, Deckel schräg auf den Topf legen, Herdtemperatur zurückschalten und das Ganze bei kleine Hitze 20 Minuten köcheln lassen. Den Schaum hin und wieder abschöpfen.

Das Gemüse mit 1 EL Ghee und Kurkuma zum Mung Dal geben, Deckel schräg auf den Topf legen, und weiter köcheln lassen, bis der Dal gar und das Gemüse weich ist. Dann den Topf vom Herd nehmen.

Während das Ganze köchelt 1 EL Ghee in einer Pfanne erhitzen, Chilis, Kreuzkümmel zufügen, beides unter ständigem Rühren 15 Sekunden erwärmen, dann den Ingwer und Asafötida zufügen, einige Sekunden unter Rühren weiterkochen lassen.

Die Chili-Kreuzkümmel-Gewürzmischung zur Mung Dal-Gemüse-Mischung geben, Deckel auf den Topf legen, das Ganze 5 Minuten ziehen lassen. Mit Koriander bestreuen und servieren.

Eintopf mit Kichererbsen

für 4 Portionen

450 g Kartoffel

1 Glas gekochte Kichererbsen (Füllgewicht: 450 g)

1 große Dose Tomaten (Füllgewicht: 500 g)

½ rote Chilischote

3 EL Kokosöl

2 TL Vollrohrzucker

2 TL scharfes Paprikapulver

1 TL Muskat

Salz

Zucker

Korianderblätter

½ l Gemüsebrühe

Kartoffel waschen, schälen, würfeln.

Chilischote halbieren, Kerne entfernen, in Streifen schneiden.

Einen Topf ohne Fett erhitzen, Muskat und Paprika zufügen, anrösten, Kokosöl zufügen, schmelzen lassen, Chilistreifen und Kartoffeln zufügen, 4 Minuten schmoren lassen, mit Gemüsebrühe ablöschen.

Die Tomaten aus der Dose in den Topf geben, Zucker zufügen, alles 10 Minuten köcheln lassen.

Kichererbsen zufügen, weitere 5 Minuten köcheln lassen.

Den Eintopf mit Salz und Pfeffer würzen.

Koriander abbrausen, Blättchen abzupfen, hacken, über den Eintopf streuen.

Curryreis mit Mango

für 4 Portionen

200 g Basmati-Reis

100 g Cashewkerne

1 Mango

3 EL Rosinen

400 ml Wasser

250 ml Kokosmilch

2 EL Kokosöl

1 EL Ingwer

½ Bund Koriander

½ Zitrone

2 TL Curry

Chilipulver

Salz

Schwarzer Pfeffer (frisch gemahlen)

Wasser in einem Topf zum Kochen bringen.

Reis waschen, 1 EL Kokosöl in einem Topf erhitzen, Reis zufügen, glasig dünsten, mit dem heißem Wasser ablöschen, 10 Minuten kochen, dann den Topf vom Herd nehmen, Topf zudecken und den Reis 10 Minuten ziehen lassen.

Die halbe Zitrone auspressen, Saft auffangen.

Mango schälen, entsteinen, Fruchtfleisch in Streifen schneiden, mit Zitronensaft beträufeln.

In einer Pfanne den Rest Kokosöl erhitzen, Cashewkerne zufügen, 5 Minuten bei mittlerer Hitze rösten, auf einen Teller schütten, beiseite stellen.

Ingwer waschen, evtl. schälen, hacken.

In die Pfanne Reis, Mango, Rosinen geben, Kokosmilch zufügen, mit Salz, frisch gemahlenen schwarzen Pfeffer würzen, mit Chilipulver, Curry und Ingwer pikant abschmecken und das Ganze 3 Minuten köcheln lassen.

Cashewkerne unterheben, Koriander über das Ganze streuen.

Zucchini mit Kartoffeln

für 4 Portionen

700 g Kartoffeln

300 g Zucchini

¼ Bund Koriander

2 EL Ghee

1 ½ TL Salz

1 ½ TL Kreuzkümmel

1 TL Garam Masalla

1 TL Gelbwurz (Haldi)

½ TL Vollrohrzucker

¼ TL Chilipulver

¼ TL Asafötida (Hing)

nach Belieben 10 Curryblätter

Koriander abbrausen, Blättchen abzupfen, hacken.

Kartoffeln schälen, würfeln.

Zucchini waschen, würfeln.

In einer Pfanne Ghee erhitzen, Kreuzkümmel zufügen, anrösten.

Asafötida, Gelbwurz, Chilipulver, Curryblätter zufügen, kurz anrösten, dabei ständig umrühren.

Kartoffeln in die Pfanne geben, mit den Gewürzen vermischen, 5 Minuten anbraten lassen.

Zucchini zufügen, nochmals vermischen und das Ganze bei niedriger Temperatur 5 Minuten dünsten.

Salz, Zucker, Garam Masalla zufügen, Koriander untermischen.

Karottensuppe ayurvedische Art

für 4 Portionen

500 g Karotten

20 g Kürbiskerne

1 Chilischote

150 ml Sahne

50 ml Milch

1 EL brauner Zucker

½ EL Gemüsebrühe

1 TL Ingwer

Nussöl

1 EL Kresse

½ TL Dattel-Balsamico

Karotten putzen, evtl. schälen, stückeln.

Eine beschichtete Pfanne erhitzen, Kürbiskerne zufügen, rösten, auf einen Teller geben, beiseite stellen.

Nussöl in die Pfanne geben, erhitzen, Zucker zufügen, karamellisieren, Karotten zugeben, mit Wasser ablöschen, das Ganze dämpfen, bis die Karotten gar sind.

Chilischote waschen, entkernen, in feine Würfel schneiden, Ingwer putzen, evtl. schälen, fein hacken.

Die Karotten-Mischung in einen Mixer geben, pürieren, das Püree in den Topf geben, Chilischote, Ingwer und Gemüsebrühe zufügen, aufkochen lassen.

Milch aufschäumen, Kresse abbrausen.

Suppe auf Teller verteilen, Milchschaum auf die Suppe geben, mit Kürbiskerne und Kresse garnieren.

Mung-Bohnen

für 4 Portionen

250 g Karotten

200 g gelbe Mung-Bohnen

4 Tomaten

2 getrocknete Chilischoten

700 ml Gemüsebrühe

2 EL Koriander-Blätter

2 EL Ghee

1 EL Curcuma

1 EL Ingwer

1 EL Sojasauce (Tamari)

1 EL Zitronensaft

2 TL schwarze Senfsamen

1 TL gemahlener Kreuzkümmel

Schwarzer Pfeffer

Salz

Bohnen unter fließendem Wasser gründlich spülen, abtropfen lassen.

Karotten putzen, evtl. schälen, würfeln.

Tomaten waschen, Strunk herausschneiden, vierteln.

Koriander abbrausen, Blätter abzupfen, hacken.

In einen hohen Topf 1 EL Ghee geben, erhitzen, Bohnen zufügen, unter Rühren 2 Minuten rösten, mit Gemüsebrühe ablöschen und auffüllen.

Das Ganze zum Kochen bringen, Deckel auf den Topf legen, Temperatur reduzieren, die Bohnen 20 Minuten köcheln lassen, Topf beiseite stellen.

In einem kleinen Topf 1 EL Ghee erhitzen, Senfkörner zufügen, rösten bis die Körner springen, dann die Hitze herunter drehen, Chili, Kreuzkümmel, Curcuma und Ingwer zufügen, kurz rösten.

Karotten zufügen, 3 Minuten rösten, Tomaten zugeben, 2 Minuten anschwitzen.

Die Karotten-Gewürzmischung zu den Bohnen geben, Deckel auf den Topf geben, den Topf auf den Herd stellen, das Ganze bei niedriger Temperatur 10 Minuten köcheln lassen.

Herd abschalten, das Ganze mit Salz, Pfeffer, Sojasauce würzen, mit Zitronensaft abschmecken, Koriander zum Dal geben, unterheben.

Süße Kichererbsen

für 4 Portionen

250 g gespaltene, geschälte Kichererbsen (Channa-dal)

5 große Tomaten

4 Lorbeerblätter

4 EL Kokosraspeln

3 EL Ghee

2 EL Rohrzucker

2 TL schwarze Melasse

2 TL Salz

1 TL Ingwer

½ TL gemahlener Kreuzkümmel

½ TL Asafötida (Asant)

1 ½ l Wasser

Koriander-Blätter

Die Kichererbsen oder Channa-dal 4 Stunden einweichen, dann in ein Sieb geben, abtropfen lassen.

In einem großen Topf Wasser und Salz zum Kochen bringen, die abgetropften Kichererbsen zufügen, Lorbeerblätter zugeben, Deckel schräg auf den Topf legen, das Ganze bei mittlerer Temperatur 35 Minuten kochen, dabei immer wieder den Schaum abschöpfen.

Deckel vom Topf nehmen, gründlich umrühren, das Ganze bei niedriger Temperatur nochmals weiterköcheln lassen.

Tomaten waschen, klein schneiden, Koriander abbrausen, Blätter abzupfen.

Ingwer putzen, evtl. schälen, reiben.

1 EL Ghee mit den Tomaten zu den Kichererbsen geben, Deckel auf den Topf legen, weiter köcheln lassen.

2 EL Ghee in einen kleinen Topf geben, diesen erhitzen, Kreuzkümmel zufügen, anrösten, Ingwer, Kokosraspeln und Asafötida zufügen, unter ständigem Rühren bei niedriger Temperatur 3 Minuten rösten.

Die Gewürzmischung mit schwarzer Melasse, Zucker zu den heißen Kichererbsen geben, vermischen, 5 Minuten köcheln lassen.

Das Ganze abschmecken, mit Koriander-Blätter bestreuen.

Kartoffel-Zucchini-Pfanne

für 1 Portion

2 mittelgroße festkochende Kartoffeln

2 mittelgroße Tomaten

½ Zucchini

¼ mittelgroßer Mangold

15 g Ingwer

5 Piment-Körner

3 gehäufte TL getrockneten Thymian

1 TL schwarzer Senfsamen

1 TL Fenchelsamen

1 TL Kümmel

¼ TL ganze Kardamom-Körner (ohne Kapsel)

etwas Rosenwasser

Kokosmilch

Salz

Pfeffer

Olivenöl

nach Bedarf Salzwasser

Kartoffeln am Vortag schälen, in Salzwasser einlegen, würfeln.

Zucchini waschen, würfeln.

Ingwer putzen, evtl. schälen, reiben.

Mangold waschen, Stiele herausschneiden, in Streifen schneiden, das Grün in grobe Stücke schneiden.

In eine Pfanne etwas Olivenöl geben, erhitzen, die Kartoffeln zugeben, Deckel auf den Topf legen, bei mittlerer Temperatur dünsten.

Wenn die Kartoffelwürfel gar sind, Deckel vom Topf nehmen, Temperatur etwas erhöhen.

Fenchelsamen, Senfsamen, Kümmel, Piment im Mörser leicht zerstoßen, die Gewürze mit Ingwer zu den Kartoffeln geben, kurz braten.

Temperatur zurück drehen, Zucchini und Mangoldstiele zufügen, anbraten, Mangoldblätter, einen Schuss Rosenwasser, ein wenig Kokosmilch zugeben, kurz aufkochen lassen, mit Salz und Pfeffer würzen, mit Ingwer und Thymian abschmecken.

Curryreis mal bunt

für 2 Portionen

150 g Brokkoli

120 g Basmati-Reis

40 g Rosinen

40 g Ingwer

30 g Kokosöl

4 Kardamom-Kapseln

1 Chilischote

1 Mango

1 rote Paprika

1 Limette

2 TL Curry

Salz

300 ml Gemüsebrühe

Ingwer putzen, evtl. schälen, würfeln.

Kardamom-Kapseln in den Mörser geben, zerdrücken.

Brokkoli waschen, Röschen abschneiden.

Mango schälen, würfeln.

Chili und Paprikaschote waschen, entkernen, würfeln.

Rosinen mit heißem Wasser waschen.

Limette auspressen.

In einem Topf Kokosöl erhitzen, die zerdrückten Kardamom-Kapseln, Ingwer und Reis zufügen, anschwitzen. Curry zugeben, das Ganze mit Gemüsebrühe ablöschen und auffüllen, aufkochen lassen, Deckel auf den Topf legen, das Ganze bei niedriger Temperatur 13 Minuten köcheln lassen.

Wasser und Salz in einen Topf geben, Brokkoli-Röschen zufügen, aufkochen lassen, dann 3 Minuten kochen lassen, bis die Röschen bissfest sind. Die Röschen in ein Sieb geben, mit kaltem Wasser abschrecken, abtropfen lassen.

Brokkoli, Chili, Mango, Paprika, Rosinen und Limettensaft zum Reis geben, mit Salz würzen.

Basmati-Reis mit Pinienkerne

für 4 Portionen

100 g Pinienkerne

5 Tassen Wasser

2 Tassen Basmati-Reis

2 Tomaten

2 Chilischoten

1 Paprikaschote

2 TL Schwarzkümmelsamen

2 TL Ghee

1 TL Kreuzkümmel

1 TL Bockshornkleesamen

½ TL Garam masala (Gewürzmischung)

½ TL Curcuma

Salz

Koriander-Blätter

Chilischoten und Paprika waschen, entkernen, grob würfeln.

Tomaten waschen, in grobe Stücke schneiden.

In einem Topf Ghee erhitzen, Bockhornkleesamen zufügen, anrösten, Reis zugeben, anbraten.

In einen Mixer Chili, Tomaten, Paprika geben, pürieren, das Püree zum Reis geben, Schwarzkümmelsamen und Kreuzkümmel zufügen, mischen, mit Wasser ablöschen und auffüllen, mit Salz würzen.

Kurz bevor das Wasser verkocht ist, Garam masala und Pinienkerne zufügen, mischen, den Herd ausschalten, Topf auf der warmen Herdplatte lassen, bis der Reis gar ist.

Koriander-Grün waschen, hacken, über den Reis geben.

Indische Suppe mit rote Bete

für 2 Portionen

500 g rote Bete

1 Stück Ingwer (etwa 2 cm groß)

2 Kartoffeln

1 Gewürznelke

1 EL Zitronensaft

2 TL Ghee

½ TL Curcuma

½ TL Piment

½ TL Korianderpulver

½ TL Garam masala

600 ml Wasser

Salz

Kartoffeln waschen, schälen, würfeln.

Rote Bete waschen, wählen, ebenfalls würfeln.

Ingwer putzen, evtl. schälen, würfeln.

In einem Topf Ghee erhitzen, Ingwer, Curcuma, Piment und Koriander zufügen, anbraten. Sobald es aus dem Topf duftet, Kartoffeln und rote Bete zufügen, dünsten, ablöschen mit Wasser, Nelke zugeben, Deckel auf den Topf legen, das Ganze 20 Minuten köcheln lassen.

Dann Garam masala und Zitronensaft zugeben, würzen mit Salz, Nelke aus dem Topf nehmen, die Topfinhalt mit dem Pürierstab pürieren.

Fenchelgemüse mit Garnelen

für 2 Portionen

3 Fenchelknollen

1 Chilischote

2 rote Äpfel

1 l Wasser

1 Zitrone

6 Riesengarnelen

4 Knoblauchzehen

150 g schwarze, entsteinte Oliven

2 EL Rosinen

2 EL Olivenöl

2 TL Senfsamen

1 TL Rohrzucker

1 TL Fenchelsamen

½ TL gemahlener Koriander

½ TL gemahlener Kreuzkümmel

schwarzer Pfeffer

Fenchelknollen putzen, in acht Stücke schneiden.

Zitrone auspressen, Saft auffangen.

In einen großen Topf Zitronensaft und Wasser schütten, Fenchelstücke zufügen, das Ganze 10 Minuten kochen lassen, abgießen, dabei das Wasser in einer Schüssel auffangen.

Äpfel waschen, schälen, entkernen, in Spalten schneiden, beiseite stellen.

 Knoblauch abziehen, drei Knoblauchzehen mit dem Messer zerdrücken.

In einer Pfanne Öl erhitzen, Knoblauch, Koriander- Kreuzkümmel, Fenchelsamen zufügen, anbraten, Das Fenchel zufügen, das Ganze mit der Hälfte des Gemüsewassers ablöschen und auffüllen und 2 Minuten köcheln lassen.

Etwas Fenchelwasser in eine Schüssel geben, Rohrzucker und Senfsamen zufügen, verrühren, die Gewürzmischung damit ablöschen.

Äpfel, Rosinen zum Gemüse geben, 2 Minuten kochen lassen.

Oliven hacken, zum Gemüse geben, mischen, mit Pfeffer würzen. Die Pfanne vom Herd nehmen.

Garnelen waschen, putzen, trocken tupfen.

Die restliche Knoblauchzehe abziehen, hacken.

Chili waschen, entkernen, hacken.

Olivenöl in einer Pfanne erhitzen, Garnelen, Knoblauch und Chili zufügen, das Ganze heiß und kurz braten.

Gurken-Curry

für 4 Portionen

1 kg Freiland-Gurken

3 rote Zwiebeln

2 Knoblauchzehen

1 EL mildes Curry

2 TL Senfsamen

etwas gemahlenes Curcuma

500 ml dünne Kokosmilch

500 ml dicke Kokosmilch

nach Belieben Kokosnuss

Salz

Gurken waschen, schälen, entkernen, in Scheiben schneiden.

Knoblauch abziehen, hacken.

Zwiebeln abziehen, in Ringe schneiden.

In einen Topf die dünne Kokosmilch geben, Gurken, Zwiebeln, Knoblauch, Curcuma, Senfsamen, Salz und Curry zufügen, das Ganze zum Kochen bringen, dann Temperatur zurück drehen und das Curry 15 Minuten köcheln lassen.

Die dicke Kokosmilch zufügen, nochmals aufkochen, abschmecken.

Nach Belieben mit frischen Kokosspalten garnieren.

Curry mit Süßkartoffeln und Kichererbsen

für 4 Portionen

1 Süßkartoffel

1 Dose Kichererbsen

1 kleine Chilischote

1 Zwiebel

1 Knoblauchzehe

1 Stück Ingwer (etwa daumengroß)

100 g frischer Spinat

2 EL Kokosöl

1 EL Rohrzucker

1 TL Curry

1 TL Zitronensaft

¼ TL gemahlener Kreuzkümmel

¼ TL Kardamom

¼ l Gemüsebrühe

$^{1}/^{8}$ l Kokosmilch

¼ TL frischer Koriander

nach Belieben Kokosflocken

nach Belieben Cashewkerne

Zwiebeln, Knoblauch abziehen, hacken.

Ingwer putzen, evtl. schälen, hacken.

Chili waschen, entkernen, hacken.

Süßkartoffel waschen, schälen, würfeln.

Spinat und Kichererbsen waschen.

In einem Wok (alternativ Pfanne) Kokosöl erhitzen, Knoblauch, Zwiebeln, Chili und Ingwer zufügen, andünsten. Süßkartoffel-Würfel zufügen, mit Kreuzkümmel, Kardamom und Curry bestäuben, anschwitzen.

Kokosmilch und Gemüsebrühe in den Wok (Pfanne) gebe3n, aufkochen lassen. Sobald die Süßkartoffel gar ist, Spinat und Kichererbsen zufügen, würzen mit Salz, Pfeffer, mit Zitronensaft und Rohrzucker abschmecken.

Koriander abbrausen, hacken, mit Kokosflocken und Cashewkerne über das Curry geben.

Vegetarische Erbsensuppe

für 4 Portionen

4 mittelgroße Kartoffel

1 große Möhre

1 Selleriestange

1 Tasse getrocknete grüne Erbsen

2 Lorbeerblätter

4 EL natives Sonnenblumenöl

3 EL Crème fraîche

1 EL Kümmel

1 EL Petersilie

1 TL Zucker

Salz

Pfeffer

Asafötida

Über Nacht die Erbsen in Wasser einweichen.

Petersilie abbrausen, hacken.

Kartoffeln waschen, schälen, würfeln.

Möhre waschen, evtl. schälen, würfeln.

Sellerie waschen, stückeln.

Am nächsten Tag das Wasser mit den Erbsen in einen Topf geben, aufkochen lassen, Petersilie zufügen, das Ganze 30 Minuten köcheln lassen.

Kartoffeln, Möhre und Sellerie in die Suppe geben, nochmals 30 Minuten köcheln lassen.

Nach einer Stunde Kochzeit mit einem Kartoffelstampfer die Bestandteile der Suppe grob zerstampfen. Crème fraîche zufügen, einrühren, mit Salz, Pfeffer, Asafötida und Zucker abschmecken, das Ganze nochmals 15 Minuten leicht köcheln lassen.

Die Suppe nochmals mit dem Kartoffelstampfer bearbeiten, bis sie dickflüssig ist und einem Eintopf mit Stückchen ähnlich ist.

Öl in einem kleinen Topf erhitzen, Kümmel zufügen, 5 Minuten rösten, die Mischung zur Suppe geben, unterrühren.

Hirseauflauf

für 4 Portionen

200 g Hirse

1 Glas Sauerkirschen

2 EL Butter

2 EL Rohrzucker

1 EL Zitronenschale

3 Eier

1 Päckchen Vanillezucker

500 ml Milch

250 ml Wasser

Salz

etwas Kakao

einige Butterflocken

etwas Semmelbrösel

Backofen auf 200 °C vorheizen, Auflaufform einfetten, mit Semmelbrösel ausstreuen.

Milch und Wasser in einen Topf gießen, aufkochen lassen, Hirse zufügen, bei niedriger Temperatur 20 Minuten quellen lassen.

Butter, Butter, Salz, Zitronenschale, Kakao und Zucker zufügen, umrühren, den Topf vom Herd nehmen.

Eier trennen, das Eigelb zur Hirse geben.

Eiweiß zu steifen Schnee schlagen, vorsichtig unter die Hirse heben.

Kirschen aus dem Glas in ein Sieb geben, abtropfen lassen.

In die Auflaufform die Hälfte der Hirsemasse geben, die Kirschen darauf verteilen, die restliche Hirse darüber geben, mit Semmelbrösel

betreuen, Butterflöckchen auf das Ganze verteilen, in den Ofen schieben, 1 Stunde backen.

Veganer Reis

für 2 Portionen

1 Tasse Basmati-Reis

2 Tassen Wasser

½ TL gemahlener Kreuzkümmel

½ TL gemahlenes Curcuma

½ EL Pflanzenfett

Einen Topf auf den Herd stellen, erhitzen, Reis zufügen, unter Rühren 2 Minuten rösten.

Curcuma, Kreuzkümmel und Reis zufügen, unterrühren, zusammen anrösten, mit Wasser ablöschen, kochen lassen, Temperatur zurückdrehen, Deckel auf den Topf legen, einige Minuten kochen lassen. Mit einem Tuch den Topfdeckel abdecken, das Ganze an einen warmen Ort stellen, quellen lassen.

Sobald der Reis das ganze Wasser aufgesogen hat, das Pflanzenfett zufügen, unterrühren.

Gebratene Steckrüben

für 1 Portion

160 g Steckrüben

1 TL Ahornsirup

1 TL Rapsöl

¼ TL ayurvedisches Gewürzsalz

1 TL Thymian

1 TL Petersilie

Steckrüben waschen, schälen, vierteln, dann in dünne Scheiben schneiden.

Thymian und Petersilie abbrausen, hacken.

Eine beschichtete Pfanne erhitzen, Ahornsirup, Öl zufügen, schwenken, Steckrübenscheiben zufügen, bei mittlerer Hitze von beiden Seiten 5 Minuten braten, bis die Scheiben eine hellbraune Farbe angenommen haben.

Sobald die Steckrübenscheiben die Konsistenz von Bratkartoffeln haben, mit Gewürzsalz würzen, mit Petersilie und Thymian bestreuen.

Okragemüse

für 2 Portionen

200 g Okra

3 Knoblauchzehen

1 Zwiebel

2 TL Ghee

150 ml Kokosmilch

1 TL Curry

½ TL Curcuma

½ TL Salz

½ TL Bockshornkleesamen

Zwiebel und Knoblauchzehen abziehen, würfeln.

Okra in Stücke schneiden

Ghee in einer Pfanne erhitzen, Knoblauch, Zwiebel zufügen, glasig dünsten, Curry, Curcuma, Bockhornkleesamen zufügen, anschmoren.

Okra-Stücke zufügen, vermischen, 6 Minuten anbraten.

Mit Kokosmilch ablöschen und auffüllen, aufkochen, mit Salz würzen.

Bratkartoffeln

für 2 Portionen

600 g festkochende Kartoffeln

5 g Ingwer

1 Knoblauchzehe

1 Zwiebel

2 EL Ghee

1 TL Curcuma

½ TL Chilipulver

½ TL Curry

½ Senfsamen

Salz

Pfeffer

Kartoffeln in einen Topf mit kaltem Wasser geben, aufkochen, dann 10 Minuten leicht garen lassen. Abgießen, Kartoffeln abschrecken, pellen, in Scheiben schneiden.

Zwiebel und Knoblauch abziehen, würfeln.

Ingwer putzen, evtl. schälen, reiben

In einer Pfanne Ghee erhitzen, Zwiebel, Knoblauch und Ingwer zufügen, 3 Minuten dünsten, dabei ständig umrühren. Senfsamen zufügen, weiter köcheln lassen, bis die Senfsamen springen.

Die Kartoffelscheiben zufügen, 5 Minuten anbraten. Mit Curcuma, Curry, Senf, Pfeffer und Chilipulver bestäuben, gut vermischen und das Ganze 5 Minuten garen lassen.

Kichererbsen mit Aroma

für 4 Portionen

1 großes Glas Kichererbsen (Abtropfgewicht: 800 g)

2 Zwiebeln

2 große Fleischtomaten

2 grüne Chilis

1 Knoblauchzehe

3 EL Kokosöl

3 EL Koriander

2 EL Zitronensaft

1 EL Granatapfelkerne

2 TL gemahlener Koriander

2 TL Garam masala

1 TL Ingwer

1 TL Curcuma

Salz

Pfeffer

Kichererbsen aus dem Glas in ein Sieb geben, gründlich unter fließendem Wasser abspülen.

Tomaten kreuzweise am Strunk einschneiden, mit kochendem Wasser überschütten, kurze Zeit im Wasser liegen lassen, dann die Haut abziehen, Tomaten grob stückeln.

Zwiebel abziehen, hacken.

Knoblauch abziehen, zerdrücken.

Chilis waschen, entkernen, hacken.

Ingwer putzen, evtl. schälen, reiben.

Koriander abbrausen, Blätter abzupfen.

Kokosöl in einem Topf erhitzen, Ingwer, Zwiebel, Knoblauch, Curcuma, Chili zufügen, andünsten bei mittlerer Hitze.

Tomatenstücke zu der Mischung geben, köcheln lassen, Kichererbsen unterheben, 10 Minuten im offenen Topf köcheln. Würzen mit Koriander, Garam masala und Zitronensaft, Koriander-Blätter über das Ganze streuen, den Topf vom Herd nehmen, 3 Minuten ruhen lassen.

Die Kichererbsen mit Salz und Pfeffer würzen, mit Granatapfelkerne garnieren.

Möhren ayurvedisch

für 2 Portionen

500 g Möhren

2 Knoblauchzehen

1 Zwiebel

2 TL Ghee

1 TL Currypulver

1 TL Curryblätter

1 TL Curcuma

½ TL Senfsamen

Salz

Möhren waschen, evtl. schälen, in dünne Streifen schneiden.

Zwiebel und Knoblauch abziehen, würfeln.

Curryblätter abbrausen.

Beschichtete Pfannen erhitzen, Currypulver zufügen, rösten, aus der Pfanne nehmen und beiseite stellen.

In einer Pfanne Ghee erhitzen, Senfsamen zufügen, rösten.

Wenn die Senfsamen springen, Zwiebel und Knoblauch zufügen, anschwitzen.

Curryblätter und Möhren zufügen, anbraten, dabei ständig umrühren.

Das Ganze ablöschen mit Kokosmilch, aufkochen, würzen mit Salz, Curcuma und dem gerösteten Currypulver, 10 Minuten weiter köcheln lassen, bis die Karotten bissfest gegart sind.

Curry mit Bananen

für 2 Portionen

150 g Kochbananen

1 rote Zwiebel

1 TL Kokosöl

1 TL Curryblätter

½ TL Senfsamen

¼ TL Kristallsalz

¼ TL Curry

¼ TL Bockshornkleesamen

¼ TL Curcuma

250 ml Kokosmilch

Bananen schälen, stückeln.

Zwiebel abziehen, würfeln.

Curryblätter abbrausen, in feine Streifen schneiden

In einem Topf Kokosöl erhitzen, Zwiebeln zufügen, glasig dünsten.

Curryblätter zugeben, anrösten.

Bananenstücke zufügen, würzen mit Curry, Curcuma, Kristallsalz, Senfsamen und Bockshornkleesamen, gut vermischen, mit Kokosmilch ablöschen und auffüllen. Das Ganze 10 Minuten köcheln lassen.

Pikante Pfannkuchen

für 10 Pfannkuchen

150 g Buchweizenmehl

50 g Kichererbsen-Mehl

1 TL Korianderkörner

1 TL Kreuzkümmel

1 TL Curcuma

1 TL Bockshornkleeblätter

½ TL Asafötida

½ TL Schwarzkümmel

etwa Chili

Salz

schwarzer Pfeffer

Kokosöl

1 EL Petersilie

250 ml Wasser

Petersilie abbrausen, hacken, Bockshornkleeblätter abbrausen

Buchweizenmehl und Kichererbsen-Mehl mit dem Wasser in einen Mixer geben, kurz durchmixen. Nach und nach Asafötida, Kreuzkümmel, Korianderkörner, Curcuma, Schwarzkümmel und Bockshornkleeblätter in den Mixer geben, bei hoher Geschwindigkeit das Ganze zu einem Püree verarbeiten.

Würzen mit Salz, Pfeffer und mit Chili abschmecken.

Kokosöl in einer Pfanne erhitzen, 3 EL des Pürees in die Pfanne geben von beiden Seiten goldgelb backen.

Die fertigen Pfannkuchen auf einen Teller mit Küchenkrepp legen.

Taler aus Kichererbsen mit Dip

für 8 Taler

1 Glas Kichererbsen (Abtropfgewicht 220 g)

2 Knoblauchzehen

2 Schalotten

1 TL Ingwer

4 EL Kokosöl

2 EL Ur-Dinkel-Vollkornmehl

3 EL Wasser

2 TL Schwarzkümmel

2 TL Kreuzkümmel

½ TL Chiliflocken

½ Bund glatte Petersilie

½ Bund Koriander

Salz

schwarzer Pfeffer

¼ TL Backpulver

Dip

2 Becher Soja Natur-Joghurt

1 TL Blütenhonig

½ Bund Koriander

etwas Zitronensaft

Salz

schwarzer Pfeffer

Backofen vorheizen auf 160 °C, Backblech mit Backpapier auslegen.

Kichererbsen unter fließendem gut abspülen bis sich kein Schaum mehr bildet, dann in eine hohe Schüssel geben (Bitte keine Glasschüssel verwenden).

Knoblauch abziehen, durch die Presse pressen.

Schalotten abziehen, würfeln.

Ingwer putzen, evtl. schälen, reiben.

Petersilie und Koriander abbrausen, hacken. (Bei der Vorarbeit haben wir einen ganzen Bund Koriander genommen, dann den Bund in zwei Hälften geteilt, eine Hälfte für den Dip beiseite gelegt).

In einer Pfanne 1 EL Kokosöl erhitzen, Knoblauch, Ingwer, Schwarzkümmel und Kreuzkümmel zufügen, andünsten.

Chiliflocken zugeben, kurz andünsten, dann das Ganze in die Schüssel mit den Kichererbsen geben. Mehl und Backpulver zur Masse geben, mischen.

Das Wasser, gehackte Petersilie und Koriander zufügen, unter das Ganze heben.

Mit einem Pürierstab das Ganze pürieren, mit Salz und Pfeffer würzen.

Mit feuchten Händen aus der Masse Kugeln formen.

3 EL Kokosöl in einer Pfanne erhitzen, die Kugeln in die Pfanne legen, in die Taler-Form drücken, von beiden Seiten 2 Minuten backen, bis die Taler eine goldgelbe Farbe haben.

Auf einem Teller Küchenkrepp legen, die Taler darauf geben, abtropfen lassen.

Dann die Taler auf das Backblech legen, in den Ofen schieben, 10 Minuten garen.

Für den Dip Joghurt in eine Schüssel geben, Honig, Salz, etwas Zitronensaft (1 Spritzer haben wir genommen) zufügen, das Ganze mit dem Schneebesen kräftig durchmischen, den gehackten Koriander unterheben, pikant abschmecken.

Kichererbsen-Taler und Dip auf Teller anrichten.

Kohlrabi-Curry

für 4 Personen

500 g Kohlrabi

1 Glas Kichererbsen (Abtropfgewicht: 220 g)

150 g festkochende Kartoffeln

2 Schalotten

1 Stück Ingwer (ergibt gerieben 1 EL)

1 Knoblauchzehe

600 ml Gemüsebrühe

2 EL weißes Mandelmus

2 EL Kokosöl

1 EL Currypulver

1 TL gemahlener Koriander

1 TL gemahlener Curcuma

1 TL gemahlene Kreuzkümmel

½ TL Chiliflocken

½ TL Muskat

Salz

Pfeffer

½ Zitrone

½ Bund Koriander

Kohlrabi waschen, schälen, würfeln.

Kartoffeln waschen, schälen, würfeln.

Kichererbsen in ein Sieb schütten, unter fließendem Wasser gründlich abspülen, bis sich kein Schaum mehr bildet.

Schalotten abziehen, in Streifen schneiden.

Knoblauchzehe abziehen, durch die Knoblauchpresse pressen.

Ingwer putzen, evtl. schälen, reiben.

Koriander abbrausen.

Die halbe Zitrone auspressen, Saft auffangen.

In einer Pfanne das Kokosöl erhitzen, Knoblauch, Ingwer, Schalotten zufügen, anschwitzen.

Kartoffeln und Kohlrabi zugeben, anbraten.

Koriander, Curcuma, Kreuzkümmel, Currypulver und Chiliflocken zufügen, mischen, mit Salz und Pfeffer würzen.

Das Ganze unter Rühren 15 Minuten sanft köcheln lassen.

Kichererbsen zufügen, nochmals 4 Minuten köcheln lassen, Mandelmus unterheben, das Ganze ein wenig eindicken lassen, mit Zitronensaft abschmecken, Koriander über das Curry streuen.

Auberginen

für 2 Portionen

250 g Auberginen

50 g ungesalzene Erdnüsse

50 g getrocknete Kirschtomaten, in Öl eingelegt (Dose)

2 Knoblauchzehen

1 rote Zwiebel

1 Stück Ingwer (ergibt gerieben 1 TL)

2 Zweige Koriander

2 EL Olivenöl

2 TL Curry

1 TL Zitronensaft

1 TL Curcuma

½ TL Kreuzkümmel

½ TL Bockhornkleesamen

½ TL gemahlener Koriander

½ TL Salz

schwarzer Pfeffer

150 ml Gemüsebrühe

50 ml Kokosmilch

Auberginen waschen, Strunk entfernen, Auberginen halbieren, würfeln.

Zwiebel abziehen, halbieren, in Streifen schneiden.

Knoblauchzehen abziehen, reiben.

Ingwer waschen, NICHT schälen, reiben.

Tomaten in ein Sieb schütten, abtropfen lassen.

Koriander abbrausen, Blätter abzupfen, hacken, 2 Blätter beiseite legen (für die Dekoration).

Auberginen-Würfel in eine Schüssel geben, mit dem Salz bestreuen, 10 Minuten ruhen lassen.

In einer Pfanne das Olivenöl erhitzen, Auberginen-Würfel mit Küchenkrepp ausdrücken, dann in die Pfanne geben, anbraten, bis die Auberginen-Würfel eine schöne braune Farbe angenommen haben.

Tomaten, Ingwer, Zwiebel und Knoblauch zufügen, anbraten.

Curry, Curcuma, Koriander, Kreuzkümmel und Bockhornkleesamen zufügen, mischen, mit Gemüsebrühe ablöschen und auffüllen, 5 Minuten köcheln lassen.

Kokosmilch zugeben, abschmecken mit Zitronensaft und Koriander, 5 Minuten weiter köcheln lassen. Mit den beiden Korianderblättern dekorieren.

Kichererbsen á la Indien

für 4 Portionen

800 g gekochte Kichererbsen (Dose)

200 g Kirschtomaten

2 Knoblauchzehen

2 Zwiebeln

1 Stück Ingwer (etwa so groß wie ein halber Daumen)

½ Chilischote

1 Dose (400 g) passierte Tomaten

4 EL Kokosöl

2 EL Koriander

2 TL Kreuzkümmel

1 TL gemahlener Koriander

1 TL Curcuma

1 TL Garam masala

Salz

Pfeffer

Chilipulver

Kichererbsen in ein Sieb geben, unter fließendem Wasser gründlich spülen bis sich kein Schaum mehr bildet.

Kirschtomaten waschen, in Scheiben schneiden.

Knoblauch und Zwiebeln abziehen, hacken.

Ingwer putzen, evtl. schälen, hacken.

Chilischote waschen, aufschneiden, entkernen, in Ringe schneiden.

Koriander abbrausen, Blätter abzupfen, hacken (wir brauchen 2 EL gehackte Blätter).

In einem Topf Kokosöl erhitzen, Ingwer, Zwiebeln, Knoblauch und Chili zufügen, andünsten. Kreuzkümmel, Garam masala, Koriander, Curcuma zufügen, mischen und kurz anrösten.

Das Ganze mit den passierten Tomaten ablöschen und auffüllen, Kichererbsen zufügen, 5 Minuten köcheln lassen. Tomatenscheiben unter die Masse heben, weitere 5 Minuten köcheln lassen.

Den Topf vom Herd nehmen, würzen mit Salz, Chili und Pfeffer, 5 Minuten ruhen lassen, dann Koriander über das Ganze streuen.

Indischer Spinat

für 2 Portionen

500 g TK Bio-Blattspinat

10 g Ingwer

2 Knoblauchzehen

1 Zwiebel

2 TL Koriander

1 TL Curcuma

1 TL Kreuzkümmel

2 EL Ghee

Chilipulver

½ TL Salz

Spinat auftauen, in ein Sieb geben, abtropfen lassen.

Zwiebel abziehen, würfeln.

Knoblauch abziehen, durch die Knoblauchpresse pressen.

Ingwer putzen, evtl. schälen, würfeln.

In einem Topf Ghee erhitzen, Zwiebel, Ingwer zufügen, anschwitzen.

Koriander, Kreuzkümmel, Curcuma zufügen, rösten. Knoblauch zugeben, erhitzen.

Spinat zur Gewürzmischung geben, Wasser zufügen (nur den Topfboden damit bedecken), vermischen, Deckel auf den Topf legen, bei niedriger Temperatur 15 Minuten garen. Der Spinat sollte immer feucht bleiben; evtl. noch Wasser zufügen.

Mit Salz und Chili würzen.

Wirsing mit Kartoffeln

für 3 Portionen

500 g Wirsing

5 mittelgroße Tomaten

5 mittelgroße Kartoffeln (festkochend)

1 Stück Ingwer (ergibt gerieben 1 EL)

4 gemahlene Gewürznelken

3 Kardamom-Kapseln

3 EL Ghee

2 TL Zimt

1 TL Curcuma

½ TL Zucker

½ TL Salz

½ Chili

200 ml Wasser

Wirsing putzen, vierteln, hobeln.

Kartoffeln waschen, schälen, würfeln.

Tomaten am Strunk einritzen, mit kochendem Wasser übergießen, 2 Minuten im Wasser lassen, dann die Haut abziehen, Fruchtfleisch würfeln.

Kardamom-Kapseln im Mörser zerreiben, dabei die Schalen entfernen.

Ingwer putzen, evtl. schälen, reiben.

2 EL Ghee in einer Pfanne erhitzen, Kartoffelwürfel zufügen, anbraten, Temperatur herunter drehen, garen lassen.

In eine 2. Pfanne 1 EL Ghee geben, erhitzen, Ingwer zufügen, andünsten. Curcuma und Chili zufügen, nur ganz kurz rösten, Kohl zufügen, unter Rühren 4 Minuten rösten.

Tomaten, Kartoffel, Salz, Zucker zufügen, mit Wasser ablöschen, bei geringer Temperatur 10 Minuten köcheln lassen.

Nelken, Zimt und den Kardamom-Samen zufügen, mischen, 2 Minuten schmoren. Nochmals abschmecken und evtl. nachwürzen.

Weißkohl-Eintopf

für 4 Portionen

1 Kohl Weißkohl (500 g schwer)

3 Kartoffeln (mittelgroß)

4 Tomaten

4 EL Ghee

3 Kardamom-Kapseln

3 Gewürznelken

1 Zimtstange

1 Stück Ingwer (ergibt gerieben 1 EL)

1 TL Curcuma

1 ½ TL Salz

½ TL Zucker

½ TL Cayennepfeffer

150 ml Wasser

Tomaten waschen, achteln.

Kartoffeln waschen, schälen, würfeln.

Weißkohl waschen, äußere Blätter entfernen, schneiden, in einem Sieb abtropfen lassen.

Nelken, Kardamom, Zimtstange in einen Mörser geben, vermahlen.

In einem Topf 3 EL Ghee erhitzen, Kartoffeln zufügen, von allen Seiten anbraten, dabei immer wieder umrühren. Sind die Kartoffeln leicht gebräunt, aus der Pfanne nehmen, in eine Schüssel geben, beiseite stellen.

Im Topf das restliche Ghee erhitzen, Ingwer andünsten, Cayennepfeffer, Curcuma zufügen, schwenken, Kohl zugeben, 3 Minuten unter

Rühren das Ganze mischen, mit Wasser ablöschen, Kartoffeln und Tomaten zufügen, mit Salz und Zucker würzen.

Auf den Topf einen Deckel legen, dass Ganze bei kleiner Temperatur
schmoren lassen, bis die Kartoffeln gar sind.

Dann die Gewürze aus dem Mörser zufügen, verrühren.

Pfannkuchen aus Kichererbsen-Mehl   für 4 Portionen

200 g Kichererbsen-Mehl

50 g Dinkelmehl

2 Tomaten

1 kleines Stück Ingwer (ergibt gerieben 1 TL)

1 grüne Paprikaschote

3 EL Ghee

3 EL Zitronensaft

1 ½ TL Salz

1 TL Kreuzkümmel

1 TL Chili

1 TL gemahlener Koriander

½ TL Pfeffer

¾ TL Curcuma

¼ TL Asafötida

280 ml Wasser

Tomaten waschen, klein schneiden.

Paprika waschen, entkernen, würfeln.

Ingwer putzen, evtl. schälen, reiben.

Kichererbsen-Mehl und Dinkelmehl in eine Schüssel geben, vermischen. Langsam und unter Rühren das Wasser zufügen, weiterrühren bis ein zähflüssiger Teig vorhanden ist.

Ingwer, Tomaten, Paprika zufügen, unterrühren.

Mit einem Tuch die Schüssel abdecken, 30 Minuten ruhen lassen.

1 EL Ghee in einer Pfanne erhitzen, die Hälfte des Teigs in die Pfanne geben, einen dicken Pfannkuchen herstellen, diesen 2 Minuten knusprig backen, Pfannkuchen wenden, die andere Seite ebenfalls 2 Minuten backen. Mit der anderen Hälfte des Teigs ebenso verfahren.

Über die Pfannkuchen Zitronensaft träufeln.

Backwaren

Chai-Kekse

4 Beutel Chai Tee

300 g Dinkelmehl (Typ 630)

200 g Pflanzenmargarine

150 g Rohrzucker

1 kleine Prise Salz

Backofen auf 170 °C vorheizen, Backblech mit Backpapier auslegen.

Die Teebeutel öffnen, den Inhalt in einen Mörser geben, fein mörsern, in ein Sieb geben, die größeren Stücke aussieben.

Margarine in eine Schüssel geben, 50 g Rohrzucker zufügen, schaumig rühren. Salz, Chai-Tee zugeben, verrühren. Mehl zufügen, das Ganze zu einem glatten Teig verarbeiten.

Den Teig in Frischhaltefolie wickeln, an einem kühlen Ort 1 Stunde ruhen lassen.

Den restlichen Rohrzucker in einen tiefen Teller geben.

Mit feuchten Händen aus dem Teig kleine Kugeln formen, in Rohrzucker wälzen.

Die Kekse im Abstand auf das Backblech legen, das Blech auf die mittlere Schiene des Backofens schieben, 10 Minuten backen, auskühlen lassen.

Kardamom-Kekse

ca. 44 Kekse

160 g Weizenmehl (Typ 550)

140 g Weizen-Grieß

125 g Ghee

125 g Rohrzucker

2 EL gemahlener Kardamom

44 halbe blanchierte Mandeln

Salz

Backofen auf 180 °C vorheizen (Ober- und Unterhitze), Backblech mit Backpapier auslegen.

Mehl, Kardamom und Grieß in eine Schüssel geben, mischen.

In einem Topf Ghee leicht erwärmen (es soll nicht schmelzen), das erwärmte Ghee in eine Schüssel geben, Salz und Rohrzucker zufügen, schaumig rühren.

Nach und nach die Mehl-Mischung zugeben, verrühren und einen festen Teig herstellen.

Den Teig in eine Frischhaltefolie wickeln, an einen kühlen Ort oder in den Kühlschrank stellen und 30 Minuten ruhen lassen.

Mit feuchten Händen aus dem Teig kleine Kugeln formen, die Kugeln auf das Backblech setzen, in jede Kugel eine halbe Mandel leicht eindrücken. Die Kugeln dürfen ganz nah beieinander sein.

Das Backblech auf die mittlere Schiene des Backofens schieben, die Kekse 20 Minuten backen.

Ingwerbrot

1 Tasse Dinkelmehl Typ 630

1 Tasse Honig

1 Tasse Walnussöl

1 Tasse Kefir

2 Eier

4 EL Ingwer

1 EL Vanille

1 EL Zimt

2 TL Backpulver

etwas Cayennepfeffer

etwas Backpulver

Backofen auf 180 °C vorheizen, Kastenform mit Backpapier auslegen oder einfetten

Ingwer putzen, evtl. schälen, reiben.

Eier trennen.

Eiweiß zu steifem Schnee schlagen.

Honig, Öl in eine Schüssel geben, verrühren, Eigelb, Kefir zufügen, mischen.

Salz und Backpulver zufügen, mischen.

Ingwer, Vanille, Zimt, Cayennepfeffer zufügen, mischen.

Eischnee vorsichtig unter die Masse heben.

Das Ganze in die Kastenform füllen, in den Ofen stellen, 45 Minuten backen.

Fladenbrot

für 12 Fladen

250 g Vollkorn-Dinkelmehl

3 EL Ghee

1 TL Salz

200 ml Wasser

Wasser erwärmen.

Mehl in eine Schüssel geben, Salz zufügen, nach und nach lauwarmes Wasser zufügen, alles zu einem glatten Teig vermischen.

Den Teig auf die Arbeitsfläche geben, mit Mehl bestäuben, 6 Minuten kneten.

Etwas Wasser auf den Teig sprühen, diesen in ein Tuch wickeln, 1 Stunde im Kühlschrank ruhen lassen.

Danach den Teig nochmals durchkneten, 12 Kugeln formen, jede Kugel mit Mehl bestäuben.

Mit dem Nudelholz aus jeder Kugel einen dünnen Fladen mit 18 cm Ø ausrollen.

In einer Pfanne 1 TL Ghee erhitzen, jeweils einen Fladen in die Pfanne geben, 3 Minuten von jeder Seite braten.

Mit den anderen Fladen ebenso verfahren.

Pikante Fladen

für 10 Fladen

200 g Kichererbsen-Mehl

200 g Vollkorn-Dinkelmehl

3 EL Ghee

2 TL gemahlener Koriander

1 TL gemahlener Kreuzkümmel

1 TL Salz

½ TL Chili

½ TL schwarzer Pfeffer

150 ml Wasser

Wasser erwärmen.

Beide Mehle in eine Schüssel geben, Koriander, Salz, Chili, schwarzer Pfeffer und Kreuzkümmel zufügen, vermischen.

2 EL Ghee leicht erwärmen bis es flüssig ist, das flüssige Ghee zu der Mehl-Gewürz-Mischung geben.

Nach und nach das lauwarme Wasser zufügen, das Ganze zu einem glatten Teig verkneten.

Den Teig mit etwas Wasser besprühen, dann in ein Tuch wickeln, für 1 Stunde in den Kühlschrank legen.

Mit angefeuchteten Händen aus dem Teig 10 Kugeln formen, diese mit Mehl bestäuben.

Jede Kugel mit dem Nudelholz zu einem Fladen ausrollen.

Restliches Ghee in eine Pfanne geben, erhitzen, einen Fladen in die Pfanne geben, von jeder Seite 3 Minuten bräunen lassen.

Mit den anderen Fladen ebenso verfahren.

Gewürze und Co.

Gewürze, Soßen und Chutney können Sie nach ayurvedischer Art selbst herstellen. Probieren Sie es auch – Sie werden überrascht sein.

Geröstetes Curry-Pulver

50 g Koriandersamen

15 g Kümmelsamen

15 g Kreuzkümmelsamen

15 g getrocknete Curryblätter

10 g zerbröselte Zimtrinde

10 g Kardamom-Samen

3 g Nelken

Eine beschichtete Pfanne erhitzen, alle Zutaten in die Pfanne geben, rösten.

Das Ganze kalt werden lassen.

Dann in einen Mixer (es geht auch eine Kaffeemaschine) geben, zu Pulver mahlen.

Das Pulver in ein Glas oder ein anderes Gefäß mit Schraubverschluss geben, gründlich schütteln, bis alle Zutaten perfekt vermischt sind.

Curry-Pulver

50 g gemahlenen Koriander

15 g gemahlenen Kümmel

15 g gemahlenen Kreuzkümmel

15 g getrocknete Curryblätter

10 g gemahlenen Zimt

10 g Kardamom-Samen

3 g gemahlene Gewürznelken

Die getrockneten Curryblätter in einen Mixer (es geht auch eine Kaffeemaschine) geben, zu Pulver mahlen.

Das Curry-Pulver mit den anderen Gewürzen in ein Glas oder ein anderes Gefäß mit Schraubverschluss geben, gründlich schütteln, bis sich alle Zutaten perfekt vermischt haben.

Bratensauce

für 4 Portionen

500 ml Wasser

½ Bund Suppengrün

8 getrocknete Curryblätter (alternativ 1 Lorbeerblatt)

3 EL Vollkorn-Dinkelmehl

3 EL Kokosöl

2 TL Korianderkörner

1 TL Himalaya-Salz

1 TL Paprikapulver

1 TL Senf

1 TL getrocknetes Oregano

1 TL Pfeffer

½ TL getrockneter Thymian

etwas Asafötida

Suppengrün putzen, klein schneiden.

Einen Topf mit Wasser zum Kochen bringen, Salz und Suppengrün zufügen, 30 Minuten bei niedriger Temperatur kochen lassen.

Das Ganze durch ein Sieb schütten, die Flüssigkeit auffangen. Die Flüssigkeit sollte ½ l ausmachen, ist es weniger, Wasser nachgießen. Das Suppengrün kann eingefroren und später wieder verwendet werden.

In einen Topf 2 EL Kokosöl geben, schmelzen, Mehl zufügen, anschwitzen lassen, rösten. Das Mehl sollte eine schöne braune Farbe haben.

Mit Gemüsebrühe die Mehlschwitze vorsichtig und unter ständigem Rühren ablöschen und auffüllen, glatt rühren, aufkochen.

Senf zufügen, unterrühren, köcheln lassen, bis die gewünschte Konsistenz erreicht ist.

Korianderkörner in einen Mörser geben, zermahlen, Curryblätter zerbröseln (Wenn Sie ein Lorbeerblatt verwenden, dieses ganz lassen). Koriander mit Oregano, Paprika, Salz, Pfeffer und Thymian sowie Asafötida mischen.

In einem Topf 1 EL Kokosöl geben, schmelzen, die Gewürzmischung zufügen, sautieren (dauert nicht länger als 10 Sekunden).

Den Sud in den Topf mit der Sauce geben, umrühren und 5 Minuten ruhen lassen.

Chutney mit Ingwer

160 g entsteinte Datteln

20 g Ingwer

100 ml Rosenwasser

2 TL Zitronensaft

½ TL Salz

Datteln etwa 8 Stunden in Wasser einweichen.

Ingwer putzen, evtl. schälen, reiben

Eine halbe Zitrone auspressen, 2 TL Saft beiseite stellen

Datteln in ein Sieb schütten, die Früchte mit der Hand auspressen, hacken.

Alle Zutaten zusammen in den Mixer geben, mixen bis die gewünschte Konsistenz erreicht ist. Mit Salz und Zitronensaft würzen.

Minze-Sambal

¼ Tasse Wasser

5 rote Zwiebeln

2 Knoblauchzehen

½ Kokosnuss

100 g Minze-Blätter

10 g Curryblätter

1 ½ TL Zitronensaft

½ TL Salz

¼ TL Curcuma

Das Fruchtfleisch aus der Schale lösen, dann raspeln.

Eine halbe Zitrone auspressen, 1 ½ TL Saft beiseite stellen.

Zwiebeln und Knoblauch abziehen, grob stückeln.

Minze- und Curryblätter abbrausen.

Knoblauch, Zwiebeln, Minze und Curry in den Mixer geben, alle weiteren Zutaten zufügen, mixen, bis das Ganze eine cremige Konsistenz hat.

Passt wunderbar zu Reis und eignet sich für Gemüse als Würzmischung.

Süßes

Als Nachtisch können Sie praktisch Früchte, Fruchtsalate und andere Leckereien servieren. Wir haben uns für Pudding entschieden und für einen Tipp, der Heißhunger stillt. Wenn Sie sich an die ayurvedische Ernährungslehre halten, dann essen Sie Süßes vor der Hauptmahlzeit. Freuen Sie sich auf unsere süßen Rezeptideen.

Pudding mit Möhren

für 4 Portionen

300 g Möhren

2 EL Rohrzucker

1 TL gemahlener Kardamom

½ TL gemahlener Zimt

½ TL Ingwer-Pulver

1 Päckchen Puddingpulver Geschmacksrichtung Vanille

etwas Safran

etwas Muskat

ein wenig Rosenwasser

einige gehackte Pistazien

200 ml Wasser

200 ml Sahne

Möhren putzen, evtl. schälen, grob stückeln.

Wasser in einem Topf erhitzen, Möhren mit Zucker zufügen, gar dünsten.

Die gegarten Möhren in den Mixer geben, pürieren.

Sahne in einen Topf geben, erhitzen, Puddingpulver einrühren, Zimt,
Ingwerpulver, Kardamom, Muskat, Rohrzucker und Safran zufügen,
alles in der Sahne auflösen, aufkochen lassen, dabei ständig rühren.

Das Möhren-Püree zufügen, nochmals aufkochen lassen, Rosenwasser zugeben.

Den Pudding in Schalen füllen, mit Pistazienkernen dekorieren.

Mandelpudding ayurvedischer Art

für 2 Portionen

300 ml Sahne

400 ml Sojamilch

100 g ganze geschälte Mandeln

6 EL Reismehl

3 EL Ghee

1 EL Rosenwasser

½ TL gemahlener Kardamom

etwas Wasser (wenn notwendig)

gehackte Mandeln für die Garnitur

In einen Topf etwas Wasser geben, Mandeln zufügen, aufkochen, 10 Minuten blanchieren.

Mandeln samt Kochwasser in den Mixer geben, pürieren.

Reismehl, Sojamilch, Kardamom zufügen, mischen.

In einem Topf 1 EL Ghee erhitzen. Sobald das Ghee flüssig ist, Sahne und Rohrzucker zufügen, mischen, aufkochen lassen.

2 EL Ghee in eine Pfanne geben, gehackte Mandeln zufügen, anrösten.

Mit Mandel-Mehl-Mischung in den Topf mit der Sahne-Zucker-Mischung geben, unter rühren zum Kochen bringen.

Rosenwasser zufügen, kurz köcheln lassen bis die Masse angedickt ist. Dann servieren, mit gehackten Mandeln garnieren.

Gegen den Heißhunger   für 1 Portion

200 g nicht entsteinte Datteln

50 g Sahne

¼ TL Zimt

Datteln vierteln.

Sahne in eine Schüssel geben, die Dattel-Viertel zufügen, 3 Stunden ruhen lassen.

Datteln auf einen Teller geben, mit Zimt bestreuen.

Passt zu Müsli, zum Frühstück und einfach nur für zwischendurch als Snack.

Getränke

Auch bei Getränken gilt die ayurvedische Lehre.

Power-Milch

für 6 Portionen

1 Tasse Mandelmilch

1 EL Curcuma

1 TL Ingwer

½ TL gemahlener Zimt

½ TL Kokosöl

¼ TL gemahlener Koriander

120 ml Wasser

etwas Agavendicksaft

nach Belieben schwarzer Pfeffer

Ingwer putzen, evtl. schälen, mahlen (der gemahlene Ingwer sollte 1 gehäuften TL ergeben).

Wasser in einen Topf geben, Curcuma, Ingwer, Zimt und Koriander zufügen, bei niedriger Temperatur 5 Minuten aufkochen lassen.

Sobald eine angedickte Masse entstanden ist, diese in ein Schraubglas füllen, gut verschließen und in den Kühlschrank stellen.

Mandelmilch in einem Topf erwärmen, von der Gewürzmasse 1 TL zur Mandelmilch geben, mit Agavendicksaft süßen, Kokosöl zufügen, mit schwarzem Pfeffer pikant abschmecken.

Die Gewürzmasse hält im Kühlschrank etwa 4 Tage.

Würzige goldene Milch

für 1 Portion

Gewürzpaste

1 Stück Ingwer (ca. 2 cm groß)

1 Curcuma-Wurzel

½ TL gemahlener Kardamom

½ TL gemahlener Zimt

½ TL Safranfäden

½ TL Vanillepulver

½ TL Muskatnuss

120 ml Wasser

etwas schwarzen Pfeffer

Milch

250 ml Reismilch

½ TL Kokosöl

½ TL Kokosblütenzucker

Salz

ein wenig Chiliflocken

1 ¼ TL Gewürzpaste

Ingwer putzen, evtl. schälen, fein reiben.

Handschuhe anziehen, Curcuma-Wurzel waschen, fein reiben.

Muskatnuss reiben (sollte ½ TL ergeben).

Das Wasser in einen Mixer gießen, Inger, Curcuma, Muskatnuss, Kardamom, Pfeffer, Zimt, Safranfäden und Vanillepulver zufügen, pürieren.

Das Ganze in einen Topf geben, auf dem Herd bei niedriger Temperatur 5 Minuten köcheln lassen, bis eine feste Substanz vorhanden ist.

Den Topf vom Herd nehmen, die Masse abkühlen lassen.

Die abgekühlte Paste in ein Glas oder ein anderen Gefäß mit Schraubverschluss geben, fest verschließen, in den Kühlschrank stellen (hält sich etwa 4 Tage).

Die Reismilch in einen Topf geben, erwärmen.

Von der Paste 1 ¼ TL nehmen, der Milch zufügen, 2 Minuten köcheln lassen.

Zur Milch Kokosöl, Kokosblütenzucker, Chiliflocken und Salz zufügen, noch einige Sekunden köcheln lassen.

Pikante Milch

für 2 Portionen

½ l Milch

Muskat

gemahlener Ingwer

½ TL gemahlener Zimt

Muskatnuss reiben (sollte etwa zwei Prisen ergeben).

Milch in einen Topf schütten, Ingwer, Zimt und Muskat zufügen, erwärmen und servieren.

Würziger Tee für den Stoffwechsel für 2 Portionen

½ l Wasser

1 EL getrocknete Curryblätter

1 ½ TL Curcuma

½ TL Ingwer

½ TL schwarzer Pfeffer

¼ TL Zimt

Ingwer putzen, evtl. schälen, fein reiben.

Wasser in einen Topf gießen, Curryblätter, Zimt und Pfeffer zufügen, das Ganze zum Kochen bringen.

Temperatur reduzieren, das Ganze 5 Minuten köcheln lassen, Herd abstellen.

Curcuma zufügen, verrühren.

Ingwer in Tassen verteilen, den Tee zufügen, 10 Minuten ziehen lassen.

Zusammenfassung

In unserem kleinen Ratgeber haben wir Ihnen die Informationen über Ayurveda gegeben, die uns zur Verfügung standen.

Wir vermittelten Ihnen einen ersten allgemeinen Eindruck von Ayurveda. Diese Heilkunst kommt aus dem fernen Indien. Seit mehr als 3000 Jahren wird sie dort und in anderen asiatischen Ländern praktiziert. Im Grunde setzt sich Ayurveda aus dem Erfahrungsschatz von mehr als 5000 Jahren zusammen, als die Basis Adharva Veda ihren Anfang nahm. Etwa 2000 Jahre später wurden die Regeln dieser Basis übernommen und der Begriff Ayurveda entstand.

Ayurveda ist mehr als ein Teil im Wellness-Bereich, es ist eine Heilkunst, die in Asien wissenschaftlich gelehrt und entsprechend praktiziert wird. Übersetzt man Ayurveda kommt oft die Kombination „Wissen vom Leben" zustande. Dabei ist wörtliche Übersetzung „Lebensweisheit" viel einfacher. Beide Übersetzungen sind in richtig, denn das Wissen vom Leben wird zur Lebensweisheit.

Die indische Heilkunst sieht den Menschen als Ganzes, dies bedeutet, sie sieht den Menschen nicht nur mit seinem Körper, sondern auch mit seinem Geist, seiner Seele, seinen Sinnen. Kurz gesagt: Bei Ayurveda wird der Mensch in seinem psychischen und physischen Zustand wahrgenommen.

Diese ganzheitliche Behandlungsmethode finden wir in der Alternativmedizin wieder. Kein Wunder, Ayurveda ist ein wichtiger Teil der Alternativmedizin.

Im Fokus von Ayurveda stehen neben Massagetechniken, Techniken für die Reinigung des Körpers auch Ernährungslehre, Heilpflanzenkunde und Yoga auf spiritueller Ebene. Es ist also eine ganze Menge, was Ayurveda bietet.

Nach den Prinzipien dieser Heilkunst werden die Menschen in drei Dosha-Typen eingeteilt. Diese Einteilung erfolgt aufgrund der vorherrschenden Energien des Einzelnen. In Indien ziehen Therapeuten auch das Horoskop ihres Patienten zurate, bevor sie sich mit der Diagnose befassen.

Die Dosha-Typen Kapha, Vata und Pitta haben ganz verschiedene Energien. Wir haben für Sie im Kapitel 1 „Prinzipien" diese drei Dosha-Typen beschrieben. Dosha bedeutet übersetzt so viel wie Fehler oder Fehler-Potential.

Kommt es zu einem Ungleichgewicht der Energien ist die Folge ein „Fehler im System". Die Aufgabe des Therapeuten ist diesen Fehler zu finden und zu beheben, damit das „System" wieder funktioniert. Das hört sich an, als ob es sich um eine Maschine handelt; ist es aber nicht.

Jeder Körper braucht Energie, der menschliche Körper macht dabei keine Ausnahme. Allerdings kann der Körper seine Funktionen nur dann problemlos und fehlerfrei ausüben, wenn sich die verschiedenen Energien im Gleichgewicht befinden. Um festzustellen, welche Energie beim Patienten dominiert, ist eine eingehende Untersuchung und Befragung des Patienten notwendig. Sobald der Therapeut den Dosha-Typ seines Patienten ermittelt hat, kann er die richtige und wirksame Therapie ausarbeiten.

Der menschliche Körper lebt nicht nur von Energien, sondern auch von Grundstoffen. Bei Ayurveda sind es sieben Grundstoffe, auch Dhatus genannt, diese haben wir ebenfalls im ersten Kapitel aufgelistet. Jede Nahrungsaufnahme führt dem Körper die Nähr- und Aufbaustoffe zu, die er braucht. Es fallen jedoch bei der Nahrungsaufnahme auch Abfallstoffe wie Urin, Fäkalien an. Je ungesunder die Ernährungsweise ist, desto mehr Abfallstoffe oder Mala an. Nach Ansicht der Lehre von Ayurveda hängt das Wachsen und Verfallen des Menschen hauptsächlich von seiner Ernährung ab. Doch bevor wir uns der

Ernährungslehre widmen, haben wir einen kleinen Rückblick in die Geschichte gemacht.

Der Schöpfer des Universums ist im Hinduismus Brahma. Er war es auch, der Ayurveda schuf und den Göttern und Heiligen seine Lehre übermittelte. Götter und Heilige halfen den Menschen, indem sie die Lehre von Brahma zur Erde sandten.

Viele hunderte von Jahren wurde diese Lehre mündlich von Generation zu Generation weitergegeben. Später schrieben die Gelehrten die Lehre von Brahma auf Palmenblätter nieder. Einige der ältesten Schriften sind bis heute erhalten geblieben. Natürlich hat sich Ayurveda, wie auch die gesamte Menschheit in den vielen Jahrhunderten weiter entwickelt. Doch die Regeln blieben bis heute erhalten.

Neben der Geschichte von Ayurveda haben wir auch kurz in die Mythologie geblickt. Hier ist Dhanvantari der Schöpfer von Ayurveda, was nachvollzogen werden kann, denn Dhanvantari war oder ist der Arzt der Götter. Im Srimad Bhagavata Purana steht dies jedenfalls so geschrieben. Wunderheilung ist in der Mythologie ebenso ein Thema wie Zauberformeln. Krankheiten werden in der Mythologie als eine Bestrafung der Götter oder von einem Gott angesehen. Durch Beschwörung der Götter oder des Gottes soll der Erkrankte geheilt werden.

Der böse Zauber gastiert auch heute noch, jedenfalls in den Ländern, in denen Voodoo praktiziert wird. Dieser Zauber soll den Fein erreichen – es ist nicht belegt, dass dies funktioniert.

Ein großes Kapitel haben wir Ayurveda im medizinischen Bereich gewidmet. Wir haben uns nicht nur mit der Lehre von Ayurveda befasst, sondern auch mit den Unterschieden zur Schulmedizin.

Es ist richtig, Ayurveda sieht, wie auch die Alternativmedizin und die chinesische Medizin immer den ganzen Menschen mit Körper,

Seele, Sinne und Verstand. Die Schulmedizin kann aufgrund der eingeschränkten Leistungskataloge der Krankenversicherungen nicht so flexibel sein. Hier werden die Symptome behandelt, wenn die Ursache nicht erkannt wird. Bei Ayurveda wird grundsätzlich nach der Ursache gesucht, sei es in der Disharmonie der Energien oder durch andere Ungleichgewichte.

Grundsätzlich ist zu folgendes zu sagen: Es werden immer und verstärkt nach Medikamenten gesucht, die auch schwere Erkrankungen heilen können. Doch der Weg vom Labor zum Patienten ist dank der Bürokratie weit, unwegsam und vor allen Dingen lang.

Ebenfalls ein umfangreicheres Kapitel ist die Krankheitslehre. Wir haben Sie in diesem Kapitel über die Lehre der ayurvedischen Heilkunst informiert, über die Prakruti, ein Begriff, der für die psychische und physische Konstitution eines Menschen steht. Wie auch die DNA ist die Prakruti bei jedem Menschen anders. Bei Ayurveda ist das Universum, in dem sich die fünf Elemente, neun Substanzen, der Geist, die Seele, der Raum und Zeit verbinden.

Im Unterkapitel „Lehre" haben wir uns über die Lehre von Ayurveda informiert und das, was wir zusammengetragen haben, niedergeschrieben.

Wir wissen, wo es Vorteile gibt, gibt es auch Nachteile und Kritiker sind immer in der Nähe. Das ist auch Ayurveda der Fall. Es wird häufig kritisiert, dass die Methoden wissenschaftlich nicht belegt sind. Andere Methoden sind auch nicht wissenschaftlich belegt und wenn, dann passen nicht auf alle Menschen. Doch was bedeutet wissenschaftlich belegt eigentlich? Es bedeutet, dass Wissenschaftler Erkenntnisse sammeln, Thesen und Theorien aufstellen, alles organisieren und alle Informationen weitergeben. Nichts anderes passiert bei Ayurveda.

Es gibt Menschen, die mit der Schulmedizin unzufrieden sind, sich einer Ayurveda-Behandlung unterziehen und enttäuscht sind, dass die

Heilung nicht nach der ersten Anwendung erfolgt. Auch die Therapeuten, die Ayurveda praktizieren, können nicht zaubern! Viele Erkrankungen wüten schon lange Zeit im Körper, ohne dass sie bemerkt werden. Stellen sich dann die ersten erkennbaren Symptome ein, hat sich die Erkrankung im Körper schon längst ausgebreitet.

Wie bei allen Dingen braucht es auch bei Ayurveda seine Zeit, um dem Patienten zu helfen. Eine Behandlung kann deshalb durchaus viele Monate dauern, vorausgesetzt, der Patient arbeitet mit dem Therapeuten zusammen. Denn wer nicht selbst etwas für seine Gesundheit tut, dem kann auch der beste Arzt der Welt nicht helfen.

Wir haben uns auch mit den Arzneimitteln und Therapien von Ayurveda befasst. In der Regel sind die Verfahren und die Arzneimittel ohne Nebenwirkungen. Werden jedoch die Arzneimittel, Heilkräuter und Speisepläne ohne die Erkenntnisse der Doshas gemacht, kann es schon mal zu Nebenwirkungen kommen.

Wichtig ist die Reinigung des Körpers, die nur ein erfahrener Therapeut durchführen sollte.

Kommen wir zur Ernährung. Ein umfangreiches Kapitel haben wir der Ernährungslehre und der Ernährung nach Ayurveda gewidmet. Wir wollen hier nicht noch einmal auf alle Fakten eingehen. In den Kapiteln 6 und 7 finden Sie alles Wissenswerte über die Ernährung im Allgemeinen, die Ernährung der einzelnen Dosha-Typen und einen Absatz über Ghee, die Butter bei Ayurveda, auch „das goldene Elixier" genannt.

Die Ernährung nach Ayurveda ist ein interessantes Thema. Doch auch wenn Sie so begeistert wie wir sind, fangen Sie langsam an. Lassen Sie die Umstellung Ihrer Ernährungsweise nicht zum Stressfaktor werden, denn damit verschieben sich Ihre Energien im Körper ins Ungleichgewicht. Machen Sie doch vorher den Test, welcher Dosha-Typ

Sie sind. Den Test finden Sie auf der Website https://www.zentrum-der-gesundheit.de/pdf/ayurveda-test.pdf als PDF-Datei.

Kommen wir nun zum angenehmen Teil, dem Essen und Trinken. Wir haben für Sie eine Reihe Rezeptvorschläge zusammengestellt, die einfach nach zu kochen sind. Alle Rezepte sind nach der Ernährungslehre von Ayurveda ausgewählt.

Unsere Rezepte beginnen mit einem Frühstück à la Ayurveda. Bevor wir zu den Hauptgerichten kommen haben wir einige Salatideen für Sie ausgewählt. Der Teil „Hauptgerichte" ist sehr umfangreich – wir hoffen, wir haben Ihren Geschmack getroffen.

Selbstverständlich haben wir auch die Backwaren wie Brot, Fladen und Kekse nicht vergessen. In diesem Bereich finden Sie zwei leckere Fladen-Rezepte, die wir Ihnen empfehlen können. Fladen können Sie zu einer „Tüte" rollen, mit leckerem Gemüse füllen und haben im Endeffekt ein gesundes, auf Sie zugeschnittenes Mittagessen.

Bei Ayurveda spielen Gewürze eine große Rolle. Oft werden Gewürzmischungen oder Gewürze angegeben, die im Handel kaum zu finden sind. Deshalb haben wir zwei Gewürze ausgesucht, die Sie problemlos selbst herstellen können. Natürlich haben wir an Bratensauce nach Ayurveda und Chutney gedacht, die entsprechenden Rezepte finden Sie im Kapitel Gewürze & Co. Kennen Sie Sambal? Wir kannten das auch nicht, doch ein Rezept haben wir gefunden, nachgekocht; es hat sich als sehr schmackhaft erwiesen.

Kommen wir nun zu den Desserts. Nach Ayurveda soll Süßes vor der Hauptmahlzeit gegessen werden, doch diese Desserts dürfen Sie auch als Nachtisch essen. Es sind leichte Puddings, die das Verdauungssystem nicht belasten.

Wir alle kennen Heißhunger uns seine Attacken! Mit unserem Rezept nehmen Sie nicht nur den Kampf gegen Heißhunger auf – Sie gewinnen ihn auch!

Ein weiteres Kapitel haben wir den Getränken gewidmet. Für die meisten Milchgetränke wird eine Paste hergestellt, die für mehrere Portionen reicht, im Kühlschrank etwa vier Tage haltbar ist. Jedes der Milchgetränke ist ein Genuss, den wir Ihnen nicht vorenthalten wollen.

Für diejenigen, die sich nicht für Milch begeistern, können unser Teerezept nachkochen. Würzig, lecker und gesund – ein echter Genuss nicht nur für Sie alleine, sondern auch für Gäste.

Wir wünschen uns, dass wir Ihnen mit unserem kleinen Ratgeber Ayurveda näher gebracht haben, Sie ausführlich über die Heilkunde, die weltweit zu den ältesten gehört, informieren konnten und wünschen Ihnen viel Spaß beim Lesen. Natürlich auch viel Freude am Nachkochen und guten Appetit.

Quellen:

https://de.wikipedia.org/wiki/Ayurveda

http://ayurveda-klinik.info/was-ist-ayurveda/geschichte-ursprung/

https://www.ayurveda-produkte.de/content/ayurveda-und-gesundheit/ayurveda-tipps/mit-ayurveda-zum-wohlfuhlgewicht

https://www.zentrum-der-gesundheit.de/was-ist-ayurveda-ia.html

https://rezepte.zentrum-der-gesundheit.de/ayurvedische-rezepte.html

https://www.planet-wissen.de/gesellschaft/wellness/ayurveda/pwie-ayurvedischeernaehrung100.html

https://www.chefkoch.de/rs/s0/ayurvedische/Rezepte.html

http://dharamleen.de/ayurveda-gewuerze-stoffwechsel/

www.ingramcontent.com/pod-product-compliance
Lightning Source LLC
Chambersburg PA
CBHW051754250726
48659CB00001B/409